地理人生系列 | 刘君德主编

我的地理人生 3
中国省区市的影像足迹与思考（四卷本）
第二卷 中国东部中区

刘君德 著

东南大学出版社
SOUTHEAST UNIVERSITY PRESS
·南京·

内容提要

本书是中国地理学家、华东师范大学终身教授、国务院学位委员会首批区域地理学专业博士生导师、中国地理学会终身成就奖获得者刘君德教授在改革开放以来对全国三十四个省区市进行过多次考察的基础上，对各省区市相关地理问题进行思考和研究的成果。全书分四卷——第一卷为中国东部北区、第二卷为中国东部中区、第三卷为中国东部南区、第四卷为中国西部地区，将全国三十四个省区市划分为十个地理单元（十章），以各省区市考察的足迹为线索，以区域和城市为重点，对涉及的自然环境与经济、社会、生态、政区等重要的地理问题进行探讨。四卷本图文并茂，问题思考配以现场照片加以阐述，内容由中国人民大学历史地理学者、清史专家华林甫教授等人协助校对。

本书可供地理学、行政学、区域经济学、历史学、旅游学、国土—区域规划、城市规划及相关专业研究者、教师和学生，政府部门工作者，以及对该领域有兴趣的社会人员阅读与参考。

图书在版编目(CIP)数据

我的地理人生. 3，中国省区市的影像足迹与思考：四卷本 / 刘君德著. -- 南京：东南大学出版社，2024.12. -- (地理人生系列 / 刘君德主编). -- ISBN 978-7-5766-1701-6

Ⅰ.K92-53

中国国家版本馆 CIP 数据核字第 2024LD7959 号

责任编辑：孙惠玉　　责任校对：子雪莲　　封面设计：王玥　黄永砥　　责任印制：周荣虎

我的地理人生 3：中国省区市的影像足迹与思考（四卷本）· 第二卷　中国东部中区
WO DE DILI RENSHENG 3：ZHONGGUO SHENG QU SHI DE YINGXIANG ZUJI YU SIKAO (SI-JUAN BEN) · DI-ER JUAN　ZHONGGUO DONGBU ZHONGQU

著　　者	刘君德
出版发行	东南大学出版社
出 版 人	白云飞
社　　址	南京市四牌楼 2 号　邮编：210096
网　　址	http://www.seupress.com
经　　销	全国各地新华书店
排　　版	南京布克文化发展有限公司
印　　刷	南京艺中印务有限公司
开　　本	890 mm×1 240 mm　1/16
印　　张	65（四卷）· 第二卷 16.25
字　　数	1 788 千（四卷）· 第二卷 448 千
版　　次	2024 年 12 月第 1 版
印　　次	2024 年 12 月第 1 次印刷
书　　号	ISBN 978-7-5766-1701-6
定　　价	399.00 元（四卷）

本社图书如有印装质量问题，请直接与营销部联系（电话：025-83791830）

四卷本目录

四卷本作者
四卷本前言

第一卷　中国东部北区

第一章　京津冀
（一）北京市　（二）天津市　（三）河北省
第二章　晋鲁
（四）山西省　（五）山东省
第三章　辽吉黑
（六）辽宁省　（七）吉林省　（八）黑龙江省

第二卷　中国东部中区

第四章　沪苏浙皖
（九）上海市　（十）江苏省　（十一）浙江省　（十二）安徽省
第五章　豫鄂湘赣
（十三）河南省　（十四）湖北省　（十五）湖南省　（十六）江西省

第三卷　中国东部南区

第六章　闽粤桂琼
（十七）福建省　（十八）广东省　（十九）广西壮族自治区　（二十）海南省
第七章　港澳台
（二十一）香港特别行政区　（二十二）澳门特别行政区　（二十三）台湾省（地区）

第四卷　中国西部地区

第八章　渝川云贵
（二十四）重庆市　（二十五）四川省　（二十六）云南省　（二十七）贵州省
第九章　陕甘宁
（二十八）陕西省　（二十九）甘肃省　（三十）宁夏回族自治区
第十章　蒙新青藏
（三十一）内蒙古自治区　（三十二）新疆维吾尔自治区　（三十三）青海省　（三十四）西藏自治区

四卷本后记

第二卷 中国东部中区

第二卷前言

本卷包括沪苏浙皖和豫鄂湘赣两大区域的八个省市，位处中国东部地区中部，涵盖长江流域中下游及淮河流域，包括江汉平原、洞庭湖平原、鄱阳湖平原、淮河平原和长江中下游平原，及其平原周边的丘陵山区。

以东部中区自然地理大空间为背景，以上海为核心，以南京、杭州、合肥为长三角区域节点城市为中心，以武汉、郑州、长沙、南昌为鄂豫湘赣省域中心为基点，大区域地理位置十分优越，是中国的经济、社会、文化的重心区域，人口和产业高度集聚；都市区（带）规模大，特别是以上海为极核的长江三角洲是具有全球影响力的都市集聚区，有着引领国家经济发展的战略意义。其中武汉、郑州等是中国中部地区省区的核心城市，在国家空间战略中兼具承东启西、南北衔接的重要作用。

需要指出的是，本区内部空间差异明显：一是东西差异，即长江中游和下游区域地理区位条件和发展水平的差异；二是南北差异，这是一种受制于纬度地带性和各省的省域内部自然地理和人文历史环境的空间差异。

东部中区处于中国东部南北向过渡地带，总体上看，在中国经济发展空间大格局中，具有自然地理环境和体制机制的双重优势。在新时代，如何充分发挥区域比较优势，打破区域分割，加强合作分工与特色化发展，逐步缩小省市之间和各省市内部的空间差异，是共同努力的方向。我以为，以长江为主干，充分发挥上海的"核心"和"龙头"作用，建设好省会都市区是关键。

本卷收录101个篇目，上海和国家级中心城市、省会城市是影像足迹的重点。

第二卷目录

第二卷前言

第四章　沪苏浙皖 ……………………………………………… 001

 （九）上海市 ……………………………………………… 002
  1. 从"特别市"到直辖市 ……………………………… 002
  2. 从"扈渎"渔村到远东第一大城市 ………………… 005
  3. 母亲河：黄浦江·苏州河 …………………………… 009
  4. 外滩：上海城市的坐标 ……………………………… 012
  5. 上海港：从河口走向海洋 …………………………… 015
  6. 南京路·淮海路：著名的商业街 …………………… 016
  7. 中心城区独特的公园：静安雕塑公园 ……………… 020
  8. 发现"曹家渡现象" ………………………………… 022
  9. 上海的"上只角"与"下只角" …………………… 024
  10. 关注城乡结合部问题 ……………………………… 026
  11. 郊域城镇的调查与思考 …………………………… 027
  12. 崇明："一岛二省（市）三县"分治的尴尬 …… 030
  13. 崇明岛东滩湿地考察 ……………………………… 032
  14. 中心城区社区（达安城）生活的观察与体验 …… 033
  15. 为浦东新区政区改革出谋划策 …………………… 037
  16. 上海城市空间拓展的战略思考 …………………… 042

 （十）江苏省 ……………………………………………… 044
  17. 江河湖海兼得的平原省份 ………………………… 044
  18. 苏南·苏中·苏北 ………………………………… 046
  19. 说说苏州这座城市 ………………………………… 049
  20. 故乡情怀：江苏泰兴·宣堡镇 …………………… 051
  21. 民国都城·省会城市：南京 ……………………… 053
  22. 南京长江大桥 ……………………………………… 055
  23. 京杭大运河与东线南水北调 ……………………… 057
  24. 南北地理分界线上的城市：淮安 ………………… 061
  25. 苏锡常行政区划战略研究 ………………………… 063
  26. 扬（州）泰（州）分治论证 ……………………… 064
  27. 徐州都市圈及未来的思考 ………………………… 066

28. 常州区划调整的系列研究 …… 068
29. 考察太湖洞庭东西山古村落 …… 070
30. 昆山情结 …… 074
31. 感慨江阴这座城市 …… 075
32. 江苏未来：强化左邻右舍的空间关系 …… 076

（十一）浙江省 …… 078
33. 地形多样、风景秀丽的省份 …… 078
34. 民营经济推动发展的富足省份 …… 080
35. 省域地理空间格局的划分与战略重心 …… 081
36. 省城杭州：从西湖时代走向大湾区时代 …… 083
37. 宁波—舟山：世界大港 …… 088
38. 绍兴：值得一看的名城 …… 092
39. 义乌：世界小商品贸易城 …… 093
40. 温州龙港市：政区的改革 …… 095
41. 淳安（千岛湖）考察的往事 …… 097
42. 历史上的乌镇—青镇 …… 098
43. 生态·竹都：安吉 …… 100
44. 桐庐·义乌乡村行 …… 104
45. 空间走向：双核推进，重点向北，顾及南东 …… 109

（十二）安徽省 …… 111
46. 农业·能源·旅游·科技优势 …… 111
47. 江淮大川分割皖北·皖中·皖南 …… 113
48. 合肥：省会城市之变 …… 115
49. 马鞍山·天长：安徽的排头兵，南京的后花园 …… 118
50. 从五河看皖北 …… 120
51. 淮南：下矿井的记忆 …… 122
52. 皖南山区的考察发现 …… 125
53. 皖南地区的区划地名问题 …… 128
54. 从皖南水土流失到安徽生态省规划 …… 131
55. 安徽省发展战略的思考 …… 133

第五章　豫鄂湘赣 …… 135

（十三）河南省 …… 136
56. 具有明显过渡性特征的"中部"大省 …… 136
57. 黄河：河南的爱与恨 …… 138
58. "五阳"都城：洛阳·安阳·濮阳·南阳·信阳 …… 139
59. 省会变迁：洛阳→开封→郑州 …… 140
60. 考察巩义·荥阳 …… 143
61. 新乡之行（一）：走进原平原省的省会 …… 148

62. 新乡之行（二）：太行山东麓悬崖上的郭亮村 …………… 149
63. 考察"75·8溃坝事件"的两个大型水库 …………………… 151
64. 走进新中国第一个人民公社：嵖岈山卫星人民公社
    ……………………………………………………………… 155
65. 陇海线上的兰考·商丘 …………………………………… 156
66. 中原城市群中河南的定位与发展 ………………………… 163

(十四) 湖北省 ………………………………………………………… 165
67. 中国中部地理中心·经济强省 …………………………… 165
68. 历史演进中的地域格局 …………………………………… 166
69. 大桥建设先河之省 ………………………………………… 169
70. 早期的三大工业部门：钢铁·汽车·纺织 ……………… 171
71. "三区"交会·"三镇"融合的省会：武汉 ……………… 172
72. 长江三峡水利枢纽工程 …………………………………… 174
73. 江边曾家巷老码头的故事 ………………………………… 176
74. 武昌老街：昙华林 ………………………………………… 176
75. 设市预测与规划：潜江的考察 …………………………… 178
76. 湖北发展的地理问题思考 ………………………………… 181

(十五) 湖南省 ………………………………………………………… 183
77. "芙蓉国"湖南 …………………………………………… 183
78. 洞庭湖水系的省区 ………………………………………… 184
79. 湘江畔（一）：毛泽东的故乡韶山 ……………………… 185
80. 湘江畔（二）：省会长沙 ………………………………… 187
81. 湘江畔（三）：铁路枢纽城市株洲 ……………………… 189
82. 湘江畔（四）：重化工业城市湘潭 ……………………… 191
83. 湘江畔（五）：岳麓书院·湖南师范大学 ……………… 192
84. 湘西考察：张家界·芙蓉镇·凤凰古城 ………………… 195
85. 湘北考察（一）：岳阳市 ………………………………… 201
86. 湘北考察（二）：津市市 ………………………………… 204
87. 湘南考察（一）：新宁县崀山景区 ……………………… 206
88. 湘南考察（二）：南山牧场 ……………………………… 211
89. 我与《经济地理》期刊 …………………………………… 213
90. 长株潭城市群空间组织体制创新 ………………………… 213

(十六) 江西省 ………………………………………………………… 216
91. "三区"合一省份 ………………………………………… 216
92. 红色文化大省 ……………………………………………… 218
93. 省会南昌 …………………………………………………… 219
94. 小平小道 …………………………………………………… 223
95. 革命摇篮井冈山 …………………………………………… 226
96. 两个重要的商品粮基地：鄱阳湖平原·吉泰盆地
    ……………………………………………………………… 227

97. 江西南隅：赣州	229
98. 江西北大门：九江	231
99. 千年瓷都：景德镇	233
100. 从"共大"到"农大"	235
101. 做好山江湖综合治理的大文章	237

第二卷附图：各省区市标准地图 ……………………… 239
第二卷图片来源 ……………………… 247
第二卷后记 ……………………… 250

第四章　沪苏浙皖

沪苏浙皖分别指上海市和江苏、浙江、安徽三个省，位于长江中下游，通江达海，境内丘陵、平原相间，河网密布，属于亚热带湿润季风气候区。三省一市居于中国经济T型空间格局的核心位置，是中国地理环境最为优越、人口—城市最密集、经济最发达的地区之一。特别是其核心区域——以上海为龙头的泛长江三角洲（简称长三角）城市群❶，水陆交通成网，城市—经济成带，为国家三大战略空间的重心之一。经过多年经济总量的积累和经济质量的提升，已经形成一个体量大、层次高、辐射广的超级、现代经济区，在"一体化"的道路上不断迈进，不仅直接推动了沪

苏浙皖四省市的经济社会发展，而且对带动长江经济带和全国经济增长以及结构调整优化发挥了积极作用。但沪、苏、浙、皖四省市之间经济发展水平差异很大，以长三角为核心区向外围呈现逐渐降低的显著特点。安徽省的中西部相对落后。

我出生在苏中，在家乡泰兴和高港度过了儿童和少年时期，又入扬州读书三年，进入大学是我人生的转折点。在中国第一大经济中心城市上海度过了60多个春秋；若干年来，我的足迹遍布三省一市的许多县市，乃至若干乡镇和村庄。

生活、工作、旅游的经历使我与长三角、沪苏浙皖有着特殊的亲情，感悟也较多。

---

❶　国务院批准的《长江三角洲城市群发展规划》，其范围包括上海，江苏省的南京、苏州、无锡、常州、镇江、南通、盐城、扬州、泰州，浙江省的杭州、宁波、嘉兴、湖州、绍兴、金华、舟山、台州，安徽省的合肥、芜湖、马鞍山、铜陵、安庆、滁州、池州、宣城共26个市。长三角城市群的面积仅占全国总面积的2.3%，却拥有2.25亿人口，贡献了全国1/4左右的GDP。规划要求，长三角城市群要建设成为面向全球、辐射亚太、引领全国的世界级城市群。

(九)上海市

1. 从"特别市"到直辖市

自唐天宝十年（751年）设立华亭县始，上海市域行政建制演进大致分为三个时期：

（1）县制时期（区域时期）

南宋嘉定十年（1217年）立嘉定县，上海地区始有两个县建制——华亭和嘉定；元、明、清逐步增设，至清嘉庆十年（1805年），上海地区基本形成10个县、1个厅的格局，有松江府的华亭、娄县、上海、青浦、奉贤、金山、南汇7个县及川沙抚民厅，太仓州的嘉定、崇明、宝山3个县。

（2）开埠与市制时期（城市时期）

清道光二十三年（1843年）上海开埠，1845年上海县洋泾浜以北一带划为洋人居留地，后形成英租界，1848年苏州河北岸虹口地段划为美租界。民国元年（1912年）的1月，裁松江府、太仓州，上海地区属江苏省；民国十四年（1925年），北洋政府改上海为淞沪市；民国十六年（1927年）的7月7日，上海特别市成立，直属中央政府，市区范围扩大，设立17个区，从此上海市与上海县分离。民国十七年（1928年）春，上海特别市宣布租界为特别区。7月，接受上海县、宝山县的17个市乡为上海特别市的实际境域，当时的面积为494.69平方千米（不含租界），随改17个市乡为17个区。民国十九年（1930年）的7月，上海特别市改称上海市。

民国二十六年（1937年）的11月，上海沦陷。12月，江苏省川沙、南汇、奉贤、崇明、宝山、嘉定等县和上海县浦西地区划归汪伪上海市政府管辖，"收回"公共租界和法租界。民国三十四年（1945年）的11月，国民政府外交部宣布接收上海公共租界、法租界，结束了历时百年的上海租界。民国三十七年（1948年）的12月上海市划分为30个区（第二卷图1-1）。

第二卷图1-1　民国初期的上海黄浦江、南京路

（3）城市—区域时期（当代时期）

1949年5月，上海市人民政府成立，设黄浦等20个区和江湾等10个郊区。同时，上海的郊县划入江苏省管辖。中华人民共和国成立后，上海仍为中央直辖市，全市划分为20个市区和10个郊区，1956年合并调整为15个市区和3个郊区。1958年，将江苏所属嘉

定、宝山、上海，以及川沙、南汇、奉贤、金山、青浦、松江、崇明10个县划入。至此，上海市辖黄浦等14个区，嘉定等10多个县，总面积达6 340.5平方千米，比新中国成立初大10倍以上。1960年3月，浙江省舟山县嵊泗人民公社划属上海市。1961年上海市辖12个区、10个县。1962年嵊泗又划归浙江省。1964年，撤销闵行区与吴淞区，此后上海保持了10个区和10个县不变，时间达10余年之久。

改革开放以来，上海的区划经历多次调整。1988年，撤销吴淞区和宝山县改设宝山区。1992年起，先后推行撤县设区。1993年设立浦东新区，组建新的闵行区。1995年，上海市辖14个区、6个县。20世纪以来，通过市辖区合并、县改设区，上海形成今天16个市辖区的格局（第二卷图1-2至图1-5）。

第二卷图1-2　上海南京路（1995年7月南京路试行周六步行，1999年9月推行全天候步行。1994年8月）

第二卷图1-3　20世纪90年代上海的大世界、黄浦区的居委会、普陀区的棉纺厂等（1995年8月）

第四章　沪苏浙皖　| 003

第二卷图 1-4　上海与江苏省界（1995 年 8 月）

第二卷图 1-5　人民广场的城市规划馆、上海市人民政府留影（1995 年 8 月、2008 年 8 月）

上海行政区划演进经历了曲折变动的过程，表现为如下特征：

第一，城乡一体的区域行政→城乡分治，城市行政→以城带乡，进而向城市—区域综合行政发展的过程，基本顺应了中国特色特大城市—区域发展和政治演进的历史规律。

第二，上海作为特大城市，在波动发展中行政区划变动频繁，20 世纪 60 年代末趋于稳定。

第三，在中央集权政治体制下，中心城区政区的空间规模通过合并或兼并，经过了由"小"到"大"，区级建制相对减少的过程，即"小区制"→"中区制"→"大区制"演进的过程。在改革开放之后，中国经济高速发展、城市建设迅猛推进中，政府的力量不断强化，在行政区划功能中更多地偏重发展经济，这是行政区经济运行规律作用的结果。

我在系统研究上海直辖市的行政区和社区过程中，初步形成以下观点：

第一，随着城市经济社会的发展、城市规模的扩大，基层社会管理将日益成为城市的主要功能和城市政府的主要任务，"大区""大街道""大居委会"制度暴露出难以克服的弊端，未来中心城区有必要由"大区制"转向"小区制"模式，有利于建立更贴近百姓的基层政府。

第二，相应地，大城市的纵向管理层级将由目前的市—区—街道—居民委员会"两级半政府""四级管理"向市—街区—社区"一级半政府""三级管理"体制转变，形成大城市自上而下的"行政区—社区"新模式。街区政府将主要承担经济社会文化等综合管理职能（第二卷图 1-6、图 1-7）。

第二卷图 1-6　城隍庙（老上海县城系列摄影系列。2003 年 5 月）

第二卷图 1-7　黄浦区汉口路 193 号旧上海公共租界工部局大厦（2010 年）

2. 从"扈渎"渔村到远东第一大城市

上海是直辖市，简称沪，位于长三角冲积平原、长江入海口南侧，南濒杭州湾，北、西与江苏、浙江两省相接，隔海与日本九州岛相望，包括崇明岛在内，下辖 16 个区，其面积约为 6 340 平方千米、常住人口 2 488 万（2020 年）。

上海拥有深厚的近代城市文化底蕴和众多历史古迹，是一座国家历史文化名城，江南吴越文化与西方的工业文化相融合，形成上海特有的海派文化（第二卷图 2-1、图 2-2）。

上海是我的第二故乡，从 1955 年秋进入华东师范大学读书→毕业留校，工作→退休。数十年来，我见证城区版图规模的扩张，见证城市形态渐渐"长高"，见证它从一个工业城市走向国际化综合性大都市（第二卷图 2-3 至图 2-7）！2018 年，上海生产总值达到 3.27 万亿元，稳居国内第 1 位、亚洲第 2 位，仅次于日本东京，世界排名第 6 位。

如今，上海市是国家首位经济中心城市、超大城市，中国的经济、交通、科技、工业、金融、贸易、会展和航运中心，也是长三角、长江流域的龙头城市，滨江、滨海的国际大港，世界知名的大都会。未来将建设成为卓越的全球城市和社会主义现代化国际大都市。

第二卷图 2-1　上海松江区广富林遗址公园 1（2019 年）

第二卷图 2-2　上海松江区广富林遗址公园 2（2021 年）

第二卷图 2-3　上海跨静安区和黄浦区的南京西路写字楼宇集中地段（2005 年 6 月）

第二卷图 2-4　上海跨静安区和黄浦区的南京西路喜迎"五一"国际劳动节留影（2015 年 5 月）

第二卷图 2-5　上海静安区的静安寺商业中心（2011 年 3 月）

第二卷图 2-6　上海静安区旧城改造后的高层建筑（2016 年 8 月）

第二卷图 2-7　上海黄浦区南京东路商业街夜景（2015 年 5 月）

对上海的认知，我们应该从城市的历史演进谈起。东方明珠塔一楼有一个上海城市历史陈列馆，是一个初识上海历史文化与高空俯视魔都风光的好去处。

我个人对上海的研究侧重于它作为国际大都市的行政区划和社区领域，主要包括：直辖市体制，市与区、街道、社区的关系；不同层级的空间规模与布局，含中心城区及郊区和区（县）、镇，而以对浦东新区的研究最为系统和深入。

上海地区，春秋属吴国，战国时先后属越国、楚国，传说是楚国春申君黄歇的封邑，故别称为"申"。松江区的广富林遗址证实，5 000 年前，先民就在此劳作生息，是个小渔村，到 13 世纪才自然发展为城镇。

751 年，在今松江建华亭县，差不多算同期（746 年，即唐天宝五年），在吴淞江南岸今青浦之东北与嘉定交界处，发育并设置上海第一镇——青龙镇。它位于吴淞江下游的沪渎口，为海防要地。航运条件好，逐渐成为上海地区最早的外贸重镇。宋元时期，青龙镇成为一座国际性港口。

其后，海岸逐渐东延，吴淞江港口日渐淤塞，其南侧的上海浦渐为上海之主要黄金水道，来往船只大多于今十六铺附近的江岸寄泊，上海新港兴起。青龙镇渐被上海镇取代。元朝时设上海县，明朝时上海成为全国的纺织和手工业中心。1685年，清政府设置上海海关，国际性大商埠在此孕育而生。

鸦片战争后，上海被开放成通商口岸，外国垄断资本入侵，民族工商业涌入，上海的商业、金融、纺织、轻工业和交通运输业迅速发展。在公共租界，浦西外滩洋行林立，商会热闹，有戏院、茶馆、花烟馆、跑马场等，上海成为一个典型的中西文化并存的远东第一大城市。长江河口地区南侧江河湖海的变迁和近代国门的被打开是上海远东第一大城市发育发展的两大基本因素。

从吴淞江到黄浦江，从青龙古镇到远东第一都市，从"青龙庙会"到"进博会"，历史演进数百年，上海始终散发着既有江南文化的古典与雅致，又有国际大都市的现代与时尚的海派文化的魅力和活力！

3. 母亲河：黄浦江·苏州河

人依水而居，城依河而生。河流的变迁影响城市的发育、成长和兴衰，乃至形态，这在上海这座特大城市表现得更为突出。

黄浦江、苏州河都是上海的生命之河。一个大上海怎么会有两条母亲河？有人说，真正衍生出上海城市的是黄浦江，它才是母亲河，苏州河在辈分上则比黄浦江大一辈，该是外婆河了。逻辑上看，此话不无道理。但说黄浦江、苏州河都是母亲河也不无道理。2004年初出版的《上海通志》确定二者均为上海境内的河段。

先说苏州河。苏州河是黄浦江支流吴淞江上海段的俗称，一般认为，它起于上海市区的北新泾，至外白渡桥东侧汇入黄浦江的河段，亦泛指吴淞江全段。苏州河的名称始于19世纪中叶上海开埠后，称境内的吴淞江为苏州河。当时由上海乘船上溯可直达苏州。

古代，苏州河（吴淞江）下游近海处被称为"沪渎"，上海的命名来源于此。那时候，大半个上海是由苏州河催生、孕育发展的。尽管元代以后吴淞江水势渐为黄浦所夺，经济文化重心也由位于河中游的青龙镇转向下游，但围绕苏州河两岸展开的经济活动却经久不衰且愈益发达，搭建了上海国际大都市的重要框架。上海近代最早的修造船、面粉、棉纺织、丝织、化工、冶金机械，甚至水电煤器具的加工厂，都陆续出现在苏州河两岸。我在工作之余曾多次独自沿普陀区的苏州河段进行过考察，也带领过多批本科生、研究生，乃至博士生、博士后进行参观实习。21世纪前期，又对长宁、静安、闸北、黄浦、虹口区的苏州河两岸进行过徒步考察，昔日的工厂、仓储与相关的商业物流服务建筑鳞次栉比。经过多次考察，我深深感受到苏州河发迹的历史及其在上海这座国际性都市成长发展中的地理意义。追根溯源，苏州河（吴淞江）作为上海的母亲河是没有疑问的。

再看黄浦江。它以外滩—陆家嘴为核心，分上海为浦西和浦东。明代以前，吴淞江是太湖的主要出海通道，黄浦是其支流。明初，因吴淞江淤浅严重，黄浦口淤塞不通，经多次疏浚，使"黄浦"从今复兴岛向西北流至吴淞口注入长江，明永乐年间，又疏浚大黄浦，汇合吴淞江，至吴淞口入海，遂成黄浦江。后又修坝建闸港，使上游来水走黄浦，冲刷吴淞江下游河床，淤积问题得到彻底解决，吴淞江成为黄浦江的支流。

江宽水深的黄浦江，上行太湖水乡，下行通江达海，交通十分便利，吴淞江的功能也渐渐让位于黄浦江，上海城市—经济重心迅速转向"黄浦"。

黄浦江是一条海派特色的文化长河，一百年前就是世界最自由的港口之一。19世纪中叶国门被迫打开之后，借助其地理位置及水运之利，沿岸的金融贸易、港口运输、近代工业得以兴起和发展，使上海这座城市在不长的时间里发展成为亚洲第一、国际知名的大都会。今日黄浦江的船舶交通流量已远远超过世界上最繁忙且管理设施较为先进的大港口（东京湾浦贺水道）的船舶流量，黄浦江作为上海的母亲河天经地义。

由此，将上海城市的发展史分为苏州河（吴淞江）和黄浦江两个时期，称苏州河（吴淞江）为上海的"外婆河"并无不当（第二卷图3-1至图3-7）。

第二卷图3-1　远眺杨浦大桥（2010年4月）

第二卷图3-2　苏州河注入黄浦江处、南浦大桥（2010年4月、2013年8月）

第二卷图3-3　外白渡桥（此桥建于1856年，是苏州河汇入黄浦江第一桥。2013年5月）

第二卷图 3-4　与外白渡桥相邻的上海大厦（原名百老汇大厦，1934 年由英商所建。2013 年 5 月）

第二卷图 3-5　苏州河武宁路桥段（2021 年 10 月）

第二卷图 3-6　苏州河南路静安区段 1（2008 年 6 月）

第二卷图 3-7　苏州河南路静安区段 2（2008 年 6 月）

4. 外滩：上海城市的坐标

外滩位于上海市中心城区黄浦区的黄浦江畔，称外黄浦滩，1844 年起被划为英国租界，成为上海十里洋场的见证，也是旧上海租界区和上海近代城市的起点和象征。

我踏进外滩是 1955 年 8 月中旬，赴华东师范大学入学报到后，约了几个同学一起来到南京路外滩，兴致勃勃地观看黄浦江江面上穿梭的大大小小国内外船只、外滩鳞次栉比的欧式建筑，我做梦也没有想到会有机会来到繁华的大上海上大学。

记得那时候的外滩还没有江堤，可以直接看到停泊在黄浦江上的大量船只，一些外航大轮尤为显眼。在外滩，我最熟悉的是"十六铺""城隍庙"，逢年过节都要从十六铺乘坐上海至苏中高港的客轮回家过年。在外滩，从城隍庙到外白渡桥，连续分布着象征国际大都市的世界多国建筑（被号称"万国博览会"），我不知道去过、走过、路过多少次，闲游拍照，每一次都有一种"上海人"的自豪、幸福感！外滩太美了，发生在这里的故事太多了！

改革开放之后，以陆家嘴为中心的浦东崛起，以"上海中心"为首的数十座摩天大楼平地升起，一个新的世界级金融街区令世人瞩目。以外滩为坐标的浦西与浦东，一老一新，高低相对，是上海解放之后重新走向世界舞台，并逐渐成为国际大都会的象征。

天气晴朗之日，当您登上高入云霄的"上海中心"或是"金融大厦""东方明珠"，俯瞰外滩，遥看浦东浦西，乃至整个上海，无不感到震撼！夜幕降临，当您乘上浦江游船，环顾浦江两岸，欣赏五颜六色、耀眼的灯光，无不感受到这座大都会的繁华和现代，您会情不自禁地拿起相机、手机拍下这美好的画面！

不管春夏秋冬，1893 年建造的高高耸立在汉口路外滩的哥特式海关大钟，其悠扬的钟声从未间断，它指引着黄浦江上无数船只日夜安全航行，记录了外滩的辛酸历史，传承着厚重的浦江文化。我自 1955 年来到上海，至今数十年来见证了外滩之巨变。上海更强了，长高了，现代了，成熟了。以外滩为标志，上海以其骄人业绩奠定了在国家和国际上的重要地位（第二卷图 4-1 至图 4-5）。

第二卷图 4-1　外滩人流 1（2010 年 5 月）

第二卷图 4-2　外滩人流 2（2015 年 2 月）

第二卷图 4-3　外滩烈士纪念碑、苏州河入黄浦江口控制工程（2010 年 4 月、2010 年 5 月）

第四章　沪苏浙皖 | 013

第二卷图 4-4　外滩广场随拍（2010 年 4 月）

第二卷图 4-5　从陆家嘴看外滩夜景（2020 年 10 月）

5. 上海港：从河口走向海洋

我对上海港口的关注始于20世纪90年代中期，与加拿大蒙特利尔大学交通运输研究中心的一个合作项目"长江三角洲交通网络建设与区域经济发展研究"。我对长三角交通网络建设中的核心节点——港口的布局，尤其是上海港的枢纽建设与核心作用问题做过实际考察。

上海港位于中国大陆海岸线中心、长江入海的咽喉，是中国自西向东以长江为横轴线、自北向南以海岸线为纵轴线的交会点，地理位置极为优越，拥有广阔的腹地。无论是从上海作为长江流域的龙头城市，还是从国际空间战略考虑，上海港的建设都是极为重要的。

上海作为一个港口城市经历了吴淞江（苏州河）→黄浦江→洋山深水港演进的过程。

历史上，苏州河（吴淞江）畔、近海的青龙镇是上海地区最早的江海港口。随着长江上游带来的大量泥沙在河口淤积，长三角海岸线东移，河道变迁，苏州河的海上航运功能让位于黄浦江，港口易址于上海镇。经人工开拓，黄浦江成为优良航道，航运兴起；其后外国列强打开中国大门，冒险家纷纷涌入上海滩，划定洋船停泊界，瓜分岸线，建码头仓库，不久，上海超过广州成为全国最大的外贸口岸，黄浦江、苏州河两岸，成为工业码头仓储集聚地，全国的航运中心，世界重要的港口城市。

新中国成立之后，上海港伴随城市规模的扩大，特别是工业（尤其是重工业）的迅速发展，港口码头建设规模不断扩大。尤其是改革开放以来，上海港的建设加速，黄浦江上新建了张华浜、军工路、共青、朱家门、龙吴五个港区；并在浦江南岸建设了宝山、罗泾和外高桥港区；此外，还建设了宝钢、电厂等专用码头。上海港的吞吐能力不断增强，为上海和长江流域的经济发展作出重要贡献。

20世纪90年代中期，为适应实施国际航运中心战略，建设综合性、多功能、现代化大型主枢纽港的需要，在中央政府支持下，以浙江省的洋山岛屿为基地，开始大规模建设深水港，上海港由此从黄浦江时代走向海洋时代，跻身世界大港之列（第二卷图5-1至图5-3）。2021年，集装箱吞吐量4 700万TEU（20英尺等效单位），连续12年排名世界第一。

值得注意的是，长三角港口密集，腹地竞争激烈，在推进长三角一体化的进程中，沪苏浙皖港口的合作、分工、协调有待加强。

第二卷图5-1　北外滩邮轮码头（2010年4月）

第二卷图 5-2　黄浦江原十六铺客运码头（大学时期我就是从这里坐船回家过寒暑假的。2011 年 2 月）

第二卷图 5-3　洋山深水港集装箱码头（2018 年 8 月）

6. 南京路·淮海路：著名的商业街

南京路和淮海路为上海的两条标志性商业街。南京路主要指南京东路段，淮海路主要指淮海中路段。两条商业街品位不同，风格各异。南京路商业街繁华、淮海路商业街洋气，各有特色。论人气，南京路商业街人气足，明显超越淮海路，日人流量平均超过 80 万，节假日达 120 万—150 万；论建筑和商品档次、"洋气"程度，则淮海路更高。

旧中国，南京路曾经属于"公共租界"，淮海路则为"法租界"，至今两侧还保留有大量高档洋房；特别是长达 2 200 米的淮海中路是上海人公认的"最具情调、最摩登"的一条马路，当时有很多外国人居住在淮海路。美国、法国、日本等驻沪总领事馆也都设在这段淮海路上。

从行政归属看，南京路原是旧黄浦区的核心商业街，淮海路是原卢湾区的核心商业街，市、区两级政府大力推进着这两条商业街的不断改造更新，始终保持着"大上海"的荣誉，黄浦区兼并卢湾区之后，两条商业街属于同一个区管辖，便于统筹规划建设这两条世界级的商业街。21 世纪初，淮海中路经改造"旧貌换新颜"，在"高雅、时尚、繁华"的新定位下，一批现代建筑崛起，引进了一批世界总部型、领袖级企业，以及 1 600 多个世界品牌，吸引一大批海内外消费者光顾。

应当指出的是，与南京东路相接、归属静安区管辖的南京西路段（至静安寺）经过规划整治，新大厦建设与国内外财团入驻，如今已经成为一条具有现代气派的大型商业街，档次提升，人流大增。我住在达安城小区时，总喜欢在南京西路溜达，也会去徐家汇商圈和田子坊（第二卷图6-1至图6-8）。

我的老伴是土生土长的老上海人，和她聊起这两条商业街，很多感慨。对于淮海路，老上海人有着截然不同的认识。不少人认为淮海路的商业已经繁华不再，客流稀少，原因是相伴成长的不少商店已悄然消失，在卢湾区并入黄浦区之后，淮海路失去了昔日行政区的特色路。在黄浦区的商业整合当中，淮海路已经不具有"大商圈"的特点，虽然它依然灯火辉煌，但客流欠缺。当然也有一部分人认为，淮海路商业还保留有老淮海路的风情特色，有不少品牌旗舰店，淮海路的风度和"商业尊严"依在。

第二卷图6-1　南京东路繁华地段（2017年8月）

第二卷图6-2　徐家汇商圈留影、南京东路商业街名店采购（2003年5月、2017年8月）

第二卷图 6-3　从南京东路涌向外滩的人流（2003 年 5 月）

第二卷图 6-4　南京东路地铁 2 号线出口处新开业的商厦（2011 年 1 月）

第二卷图 6-5　南京西路兴业太古汇、中信泰富广场、保留的高等级居住社区留影（2009 年 9 月）

第二卷图 6-6　南京西路保留的高等级石库门居住区、静安寺商圈（2011 年 3 月）

第二卷图 6-7　淮海中路人民坊（2021 年 11 月）

第二卷图6-8 上海中心城区创业产业集聚区——泰康路田子坊及留影（2017年8月）

7. 中心城区独特的公园：静安雕塑公园

静安雕塑公园位于北京西路、成都路、山海关路、石门二路的围合区域，原为静安区比较高档的石库门居住区，在大规模拆迁之后，作为上海世博会的配套项目于2007年10月开工建设，是上海市中心城区唯一一座雕塑专类的、开放式城市公园，园区面积约为36 000平方米，在不大的面积中设有广场、展示长廊、白玉兰花瓣、梅园等景区，上海自然博物馆也坐落在园中（第二卷图7-1至图7-5）。雕塑公园为市民提供了悠闲和接受艺术熏陶的活动场所，具有城市公园绿地与雕塑文化融合的特点。它小巧、精致，多功能，现代、时尚、洋气，据说是法国专家参与设计的。

第二卷图7-1 静安雕塑公园入口及附近（2015年1月）

第二卷图 7-2 静安雕塑公园雕塑展作品及留影（2015 年 1 月）

第二卷图 7-3 静安雕塑公园雕塑展作品（2015 年 1 月）

第四章 沪苏浙皖 | 021

第二卷图 7-4　上海自然博物馆 1（2015 年 1 月）

第二卷图 7-5　上海自然博物馆 2（2015 年 5 月）

我们曾经在紧邻的达安城小区生活了近 8 年，见证了它的规划、施工建设、开园的全过程，对于我来说，这就是家门口的城市公园，没有特殊情况，我几乎每天都要在这里走走看看，无论是春夏秋冬，有许多可以回味的故事；拍摄了上千张照片，几乎可以出一部影集了。

8. 发现"曹家渡现象"

20 世纪 90 年代，中国社区热兴起之时，我在无意中发现了奇特的"曹家渡现象"。

曹家渡是一个位于城市中心的（中低档）商业繁华地区，人流很多，公交发达。改革开放后一次乘坐公交的时候，偶然发现这个繁华的商业社区突然间消失了，于是下车观察，拿起相机拍下了当时的场景。回到家，取出上海市地图进行研究、思考。原来曹家渡是普陀、长宁、静安三区交界的商业社区，有一段辛酸发展史。我关注的是，为什么静安区一侧原来的面貌尚好，但被统统拆光，长宁区一侧最为破旧却一动不动，而普陀区非但不拆，反而抢先盖高楼、建商城、装修得更好？三驾马车的管理使"曹家渡"变得四分五裂、杂乱无章，这个原本与徐家汇齐名的上海市城市副中心如今大为衰败（第二卷图 8-1 至图 8-6）。

第二卷图 8-1　曹家渡地区的静安区地块（1993 年）

第二卷图 8-2　20 世纪 90 年代初三区难协调的"五角场"（1993 年）

第二卷图 8-3　曹家渡传统商业社区功能的衰退和城市管理的困难（2007 年 8 月）

第二卷图 8-4　静安区与长宁区城市规划建设的不协调（2007 年 8 月）

第二卷图 8-5　静安区一侧的曹家渡（被定位为高级住宅区。2007 年 8 月）

 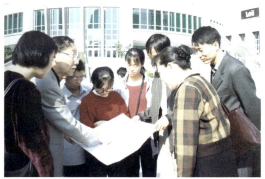

第二卷图 8-6　考察徐家汇商业社区（比较与曹家渡的异同。2000 年）

　　我从行政区经济理论和行政区与社区的关系理论中悟出了其中的道理。原来，在改革开放之后区级经济强化的背景下，三个平级的二级行政区，对曹家渡的规划发展"利益难以形成共识"，因而分割瓦解了这个历史悠久、自然形成的大型商业社区！"城市副中心"的桂冠自然也被拿掉，与徐家汇相媲美的时代永远消失了。而这一切都是三个行政区发展不同调、利益难协调造成的，受影响的则是曹家渡的百姓和商家！

　　曹家渡现象引起政界和国内外专家的兴趣，我的大城市"行政区—社区"的理性解释得到广泛认同。在民政部基层政权与社区建设司的支持、校党委的关怀下成立了华东师范大学"中国城市社区建设研究中心"，推进了华东师范大学多学科的社区建设研究。

　　从发现曹家渡现象到现在，时光已经过去数十个年头。如今的曹家渡也改变了许多，功能变了，商店少了，人流少了，也从许多学者眼光里消失了！唯一不变的是三区分割局面。值得期待的是，12 号地铁建成并与 13 号线交叉，曹家渡的地理区位有所改善，将会有助于推进曹家渡商圈的振兴。

9. 上海的"上只角"与"下只角"

　　"上只角""下只角"是上海话中的独创用语。"角"读"goo"（弱声），泛指方位、方向，与"嘴"（读 zi）等相同，已经成为地名专名的习惯用语，例如"陆家嘴""朱家角"等。

上海人眼里的"上只角""下只角"是一个对居住地品质（等级）的习惯用语。比如在开埠之初，"上只角"就是指老城厢，而城墙之外的"乡下头"，则都称之为"下只角"；开埠之后，老上海人理解的"上只角"是泛指租借地区，如黄浦、静安、卢湾等区域；"下只角"则指被形容为"滚地龙"的"棚户区"。它们大多分布于上海中心城区的外围城乡结合部，以杨浦、闸北、普陀三区最为集中。

"上只角""下只角"的背后，实质上是城市地域社会—文化方式和生活质量空间差异的一种通俗表达，是大城市内部社会文化差异性的一个标志，世界各国普遍存在。受城市环境、历史文化、经济发展和基础设施的影响，其分布有一定规则。

改革开放以来的当下，上海的"上只角"主要是指环境好、地段好的商务区和高档住宅区，多为高收入、职业好、文化层次高的地区，而一般的老小区、待拆迁的居住区就是"下只角"了。经过数十年的城市更新，旧宅改造，"下只角"地区的"滚地龙"式"棚户区"逐渐消失，居住环境和设施大为改善（第二卷图9-1至图9-3）。

在中心城区变化最明显的是，楼宇多了，楼长高了，小区环境美了，说上海话的人少了，大量的"新上海人"、有钱人、说普通话的人占据了市中心。中心城区的老旧住宅区的大批原来的住民随着拆迁被赶往郊区！

在一次市规划局的座谈会上，我曾经质疑，中心城区大批石库门房子消失，原住民被赶走，上海话消失，上海味道没了，这还是上海吗？我们要关注和关心被赶往"乡下（城乡结合部）"的上海原来的居民！

新时代的上海，留意观察这种"上只角""下只角"现象，研究新的社会地域特征，解决新的社会空间矛盾，是非常有意义的城市社会地理学课题。

第二卷图9-1　淮海坊、苏州河畔和古北路社区居民的晨练（2005年7月）

第二卷图 9-2　上海市典型的"下只角"——改造前长宁区的曹家渡（2007 年 8 月）

第二卷图 9-3　上海市民的弄堂生活留影（2000 年）

10. 关注城乡结合部问题

早在 20 世纪 90 年代，我就关注上海城乡结合部的问题，进行过较多现场观察、走访与思考，拍摄有不少照片。内容涉及闸北与宝山、长宁与闵行、普陀与嘉定、徐汇与闵行、闵行与松江边界的结合地带等。之前，与导师严重敏教授合作拟写的《关于城乡结合部若干问题初探》一文，较早揭示了上海城乡结合部成长演进的规律。1997 年，我成功申请到国家社科基金项目"我国城乡结合部行政管理体制综合研究——以上海为实证",对上海的城乡结合部进行了系统的理论与实证分析,揭示了这个特殊的地域空间,在行政体制、开发区的土地征用与开发、乡镇的"一地两府"分割管理、外来人口的高密度集聚等方面出现的矛盾,跨行政社区的管理以及基层政权建设等重大问题,提出了在结合部推进"镇管社区""街道管村""街镇并存"等管理模式建议。我以为,城乡结合部永远是大城市充满活力和矛盾的空间,是城市政府始终应该重点关注的特殊地域空间(第二卷图10-1、图10-2)。

第二卷图10-1　一堵墙("城"与"郊"两个世界——墙内闸北区,墙外宝山区。1997年6月)

第二卷图10-2　少年村路(该路一度是上海市脏乱差最为严重的地段之一。1997年6月)

11. 郊域城镇的调查与思考

为区别广域型大城市空间性质的分异,我把城市行政空间结构描述为:"市域"＝中心城域＋郊域＋县域三大部分,也可以将后二者合称郊域,以区别一座大城市的中心城区→郊区(近郊)→县(远郊)三个不同性质的空间圈层,有利于真实反映大城市的空间组织性质和实际情况,依据科学的人口—经济统计来研究城市空间,也与国际通常的做法相一致。

数十年来,我在"郊域"留下不少足迹(第二卷图11-1至图11-6),有下乡锻炼(奉贤华东师范大学五七干校），有参与运动（如崇明县汲浜乡溦西大队的"四清"运动），有参与郊区的规划（如松江县农业区划），更多的是乡镇村的课题研究（如浦东新区乡镇区划调整与社区规划、南汇县乡镇区划调整、嘉定区乡镇区划调整、金山区枫泾镇"大市镇"体制）等。2019年4月，还特地去考察了万里长江第一镇——高桥镇，在江东书院创始人韩可胜的支持下，举行了一场有意义的交流活动。可以说，我对上海郊域的乡镇、村级规划及体制问题有较为深入的了解，针对发现的问题曾提出过许多设想，特别是区划—社区调整改革的建议，有的被直接纳入政府决策。

第二卷图 11-1　松江区泰晤士小镇及周边（2005年5月）

第二卷图 11-2　嘉定区外冈镇毛桥村调查（2006 年 8 月）

第二卷图 11-3　宝山区罗店古镇及留影（2006 年秋冬）

第二卷图 11-4　闵行区七宝古镇老街（2010 年 9 月）

第二卷图 11-5　金山区枫泾古镇的女农民画家（2010 年 6 月）

第四章　沪苏浙皖

第二卷图 11-6　金山区枫泾古镇（2010 年 6 月）

改革开放以来，上海涌现了一批经济强、特色显、人气旺的知名城镇，比如金山的枫泾，松江的车墩，青浦的朱家角，嘉定的安亭、南翔，宝山的罗泾，浦东新区原南汇的新场，闵行的吴泾，奉贤的庄行，崇明的东平等。2016—2017 年先后有 9 个镇入选国家级特色小镇。但总体来看，上海郊域的乡镇发展滞后于江浙两省，缺乏江浙地区乡镇发展的自主活力。这些乡镇如何定位，特色如何引导，如何在与中心城区的规划对接中让乡村发展更快、农民收益更多等方面还有许多文章可做。乡镇、基层社区的合并过程也带来被合并乡镇的相对衰落，基层政区规模过大，社会管理有所削弱等问题，也有待解决。

在上海国际化大都市发展过程中，在推进乡村振兴战略中，人们期望在上海郊域看到更多环境优美、富有特色和文化内涵、繁荣、充满活力及对城市市民具有吸引力的乡村。

12. 崇明："一岛二省（市）三县"分治的尴尬

"飞地"现象是我国许多省区市行政区划中的一个历史遗留、比较棘手的问题，上海市域崇明岛北侧（长江口北支南侧）就存在着分别归属于江苏省海门、启东的两个乡镇。

这个问题事出有因。

位于长江口的崇明岛是唐朝以后，由江中沙洲经过长期的泥沙堆积，逐步向海延伸生长出来的岛屿，697 年始有渔民定居，705 年设崇明镇，1277 年设崇明州，直到明末清初，崇明岛才基本形成现在的规模。1396 年，崇明设县，隶属苏州府。清朝隶属太仓州。民国时期先后隶属江苏南通、松江。新中国成立初期，崇明县隶属于江苏省南通市。1958 年划入上海，而由南通市海门县和启东县百姓开垦利用并居住的两个乡（海永乡、永隆乡）未能同时划入，且独立的两个沙洲（永隆沙和兴隆沙）亦未与崇明相连。随着时间的推移，长江北支流速减缓，泥沙堆积加速，这两个归属海门和启东的乡镇（沙洲），渐渐与崇明岛连为一体，形成今日"一岛二省（市）三县"分治的格局。

这种分治格局引发了许多行政管理的矛盾和冲突，同时严重影响崇明世界级生态岛的统一规划、建设与管理，也影响到当地的产业、人口的统筹谋划与科学布局。尽管包括崇明岛主体区域和两个"飞地乡镇"在内的村民以及社会各界多次呼吁，要求拆除崇明岛的区划藩篱，纳入上海统一管理，但在隐藏于背后的省市政府—区域利益驱使下，协调难度极大。

我研究认为，最佳的解决途径是将海永、启隆（原永隆乡）这两个镇划入崇明区，实行崇明岛屿与沙洲的一体融合，实现岛内经济、政治、社会、文化、生态"五位一体"，以利于统筹推进崇明生态岛规划建设。

2017年夏，我专门去这两个乡镇考察，眼前的一幕使我大吃一惊！一幅规划蓝图进入眼球，已经建成的豪华、廉价的商品房吸引一大批上海人前来购买，人气十足！当我担忧这种状态的蔓延，担忧崇明生态岛规划建设、统筹发展被这两个"飞地"无序发展打乱之时，一则新闻报道打消了我的一些疑虑。

原来，就在这一年的4月底，南通市规划局发布了一则消息。标题是"南通呼应崇明世界级生态岛建设，东平—海永—启隆城镇圈协同规划研讨会顺利召开"，会议地点就在崇明区。很明显，这个会得到沪苏两省市的两个地级政府的支持。会议传出信息，已委托上海崇明生态发展研究院和中国城市规划设计研究院上海分院分别编制南通两镇对接崇明世界级生态岛建设的发展规划和城镇规划，以及东平—海永—启隆城镇圈协同规划。我心中的一块石头稍稍落地。

跨行政区的发展矛盾能够通过协商、协调取得共识，从某种意义上说，这要比简单合并或兼并的社会成本要低得多，避免了区划调整的后遗症，是一种上策。

依据规划，启隆镇和海永镇被打造成崇明西北部融都市农业、生态养老、休闲旅游为一体，颇具特色的产业集聚区。随着上海地铁19号线的建设与开通，特别是上海与南通对接的铁路建设，崇明生态岛的中部与北侧将会出现一个新的跨界、组合的生态城镇群和一个与苏中、苏北连接的北上海重要节点（第二卷图12-1至图12-3）。

第二卷图12-1　崇明区地理位置图、崇明岛北侧新滩地（2019年9月）

第二卷图12-2　崇明区崇明岛大规模的风能利用——发电风车（2017年6月）

第四章　沪苏浙皖　| 031

第二卷图 12-3　崇明区长兴岛的江海货运码头和大型船舶制造厂专用码头（1996 年 7 月）

13. 崇明岛东滩湿地考察

崇明东滩位于崇明岛最东端，长江入海口，有一望无际的芦苇滩涂，包括东滩湿地公园和东滩鸟类自然保护区，公园面积为 8.6 平方千米、自然保护区面积 241.55 平方千米，为亚太候鸟迁徙路线上的重要驿站和栖息地。秋冬季节，大批候鸟来此育肥过冬。据资料，已有近 150 种鸟类。根据规划，将进行功能修复和重建生态系统，为候鸟栖息提供理想场所，积极探索自然保护与经济开发双赢的可持续发展模式，打造一个集自然保护、科研、科普教育、生态旅游、休闲旅游一体化的国际生态示范区。

2008 年 8 月，我应邀参加了环保部的"崇明生态县创建专家咨询会"，会后参观了湿地公园，听取了专家的讲解，看到了东滩规划宏伟的模型。然后坐在船上，走在木栈道上，欣赏和游览了那一望无边、浓密的芦苇滩地，仿佛进入一个无人的大自然，感受到新鲜空气，闻到了新土地和芦苇的飘香，这些是在大都市城区无论如何都感受不到的（第二卷图 13-1、图 13-2）。

第二卷图 13-1　湿地保护专家介绍东滩湿地生物万象馆（2008 年 8 月）

第二卷图 13-2　考察湿地公园（2008 年 8 月）

14. 中心城区社区（达安城）生活的观察与体验

基于对上海中心城区生活的向往，2007 年下半年，我和老伴处理了华东师范大学二村的房子，买进位于今天静安雕塑公园北侧的达安城二手房，在那里度过了近 8 个春秋。从我客厅、书房东望窗外的浦东陆家嘴，上海最现代化的新建筑尽收眼底。夜晚，往远处看，每天都可以欣赏诱人的东方明珠的灯光；中距离看，南北高架车辆来往如梭，可以感受城市的动感而免受汽车的噪声和尾气的烦恼；近看，一大片中西合璧的石库门建筑居住群就在眼皮底下。

在达安城小区，我几乎每天傍晚或饭后都要出去散步、溜达于石门二路、山海关路、大田路、新闸路等。恒丰路桥是我走过最多的桥，苏州河蝴蝶湾是我最熟悉的港湾，三天两头都要去南京西路、吴江路及其周边的成片旧式里弄、静安别墅等地转转；以达安城为中心，东南西北，方圆 30 分钟的时间距离，都在我的脚下。我还会在斯文里石库门小区穿弄走巷，等等。

但溜达最多的还是眼皮底下的雕塑公园。这座拆迁上千户、耗费上亿元、请法国专家设计、坐落在市中心的公园，来之不易，寸土如金啊！一年四季，雕塑公园的景色不断变换，各种展览、活动丰富多彩，加上新建的上海自然博物馆，是市民们休闲娱乐和老人、小孩、年轻人的好去处。每次我去静安雕塑公园，都不忘带上相机或手机，捕捉一些有趣的镜头。

在达安城这个不大的小区生活，我体验到与大学社区不同的、浓浓的上海人情味。一出门见到对门，电梯里见到邻里，下到楼底见到楼管阿姨，出小区大门见到保安等都会面带微笑；小区里遇到居委会主任、书记等都会问一声好；见到老党员、老干部、退休老师等都会聊上几句。我完全融入了达安城，与许多居民成为社区朋友，生活非常安逸而有上海味道。

在达安城，我完成了大型图书《中国当代城市—区域：权力·空间·制度研究丛书》（20余分册，约700万字）、《大辞海·中国地理卷》（约70万字）的主编工作，以及3部著作（含合著）的出版。可以说，是我退休之后最有成就感的时段。

然而，达安城的安逸生活在三年之后被无情打破，在小区（慈溪路）东侧，相隔二三十米的位置，在大多数居民不知情的情况下，突然要建设一座250米高的摩天大楼，眼前的石库门居住区将统统拆除。这一规划的强行开工建设，自然遭到小区居民的强烈抗争，我作为一名党员加入了抗争队伍。迫于无奈，2016年9月，我搬回华东师范大学三村小区生活，留下的是在达安城居住期间（2007—2016年）拍摄的大量照片，是脑海中许多生动、真实的故事（第二卷图14-1至图14-8）。值得怀念的是雕塑公园健身园里栽植的第58号树，那是老伴的家被拆除的位置——景星里12号。

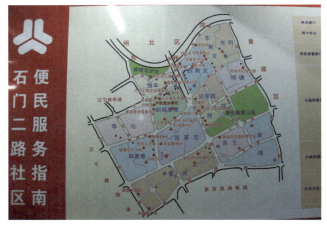 

第二卷图14-1　待拆迁的石库门老屋（石门二路街道西斯文里。2009年8月）

第二卷图14-2　在建的上海自然博物馆、初升太阳下的浦东（2010年、2012年）

第二卷图 14-3　成都路高架桥（恰好为黄浦区、静安区的分界。2013 年 10 月）

第二卷图 14-4　眼皮底下冬季的大田路社区（2010—2015 年）

第二卷图 14-5　秋色晚霞下的华东师范大学三村名师华苑（2012 年 7 月）

第二卷图 14-6　长风和曹阳新邨社区（2012 年 7 月）

第二卷图 14-7　长风公园秋色（2015 年 12 月）

第二卷图 14-8　上海植物园景观及留影（2009 年 4 月）

15. 为浦东新区政区改革出谋划策

20世纪90年代，上海浦东新区管委会正式成立，新区的行政区划体制问题是我主持中国行政区划研究中心工作以来一直跟踪研究的课题。我们先后承担了新区行政区划体制变革、区划与社区调整的全部项目研究，形成系列成果。为此，开过无数次的基层政府及社区的座谈会，提交过许多研究报告，多次参加了新区高层主持的决策咨询研讨会。

总体来看，新区的行政区划和社区体制和空间格局特点是：体制由虚变实，空间由小变大，是一个典型而特殊的"大政区—大社区制"。

浦东原是一个以盐业和渔业为主的小村落，1725年设南汇县，1810年设川沙厅，1911年改川沙厅为川沙县，至1990年中共中央和国务院决策开发浦东之前，川沙、南汇一直是浦东地区的两个县。

从行政建制看，浦东新区大致经历了川沙（川沙设县至20世纪80年代）、浦东（90年代）、大浦东（90年代末）三个时代。川沙时代是浦东传统大城市近郊城镇化推进、乡村逐步被蚕食的过程；浦东时代是一个空间组织体制探索实践的过程（管委会→区政府、街镇合并、设立"功能区"组织）；大浦东时代（南汇并入）的"大区→大街镇→大社区"的所谓"三大"的"行政区—社区"体制阶段。此后，浦东新区行政区划与社区进入稳定阶段。

浦东新区行政体制演进的过程是浦东开发开放不同阶段经济—社会发展和政权建设对政区—社区改革的要求，及时适应这种变化需求的结果是一个逐渐适应和理顺的过程，也可以说是一种体制创新与实践的过程（第二卷图15-1至图15-14）。

第二卷图15-1　浦东新区中轴线（左侧为行政中心，右侧为科技馆。2010年4月）

第二卷图15-2　位于浦东新区的中国（上海）自由贸易试验区（2019年9月）

第二卷图 15-3　浦东新区的上海东方艺术中心（2010 年 4 月）

第二卷图 15-4　北外滩看浦东新区（2018 年 11 月）

第二卷图 15-5　浦东新区陆家嘴功能区大型调研会及留影（2005 年 3 月）

第二卷图 15-6　听取浦东新区陆家嘴功能区负责人韩可胜介绍情况（2005 年 3 月）

第二卷图 15-7　曹路镇（浦东新区龚路与曹路两镇合并，行政中心定在曹路，并更名为曹路镇。2009 年 9 月）

第二卷图 15-8　川沙新镇功能区与行政区—社区研究调研（2003 年 9 月）

第二卷图 15-9　浦东新区建设中存在的发展不平衡现象（该现象已引起新区领导的重视。2009 年 9 月）

第二卷图 15-10　改造后的三林镇大型居住区及社区商业中心（2009 年 9 月）

第二卷图 15-11　浦东新区金杨新村街道调研（2009 年 9 月）

第二卷图 15-12　浦东新区陆家嘴滨江保留的建筑（2018 年 10 月）

第二卷图 15-13　2020 年国庆之夜的浦东新区（2020 年 10 月）

第二卷图 15-14　浦东新区陆家嘴金融贸易集聚区（2018 年 10 月、2020 年 10 月）

今天看来，特别是从长远看，这个"大政区""大街镇""大社区"存在的缺陷逐渐显现，管理幅度偏大，在区与街镇、街镇与居村之间无形中增加了层级。长远看，这种体制不利于社会建设与管理，需要深入研究解决。我认为，大城市未来城区的治理宜推行"小区制"模式，形成自上而下的行政区—社区系统，理想的城区纵向治理模式应该为"市政府→街区（小区制）→社区"。这可能需要一二十年，浦东新区有必要，也有条件尽早谋划。

16. 上海城市空间拓展的战略思考

获得国务院批复原则同意的《上海市城市总体规划（2017—2035年）》（简称"上海2035"），对上海的城市性质确定为——我国的直辖市之一，长三角世界级城市群的核心城市，国际经济、金融、贸易、航运、科技创新中心和文化大都市，国家历史文化名城，并将建设成为卓越的全球城市、具有世界影响力的社会主义现代化国际大都市。

上海的未来将更加宏伟，值得期待。

在新一轮规划的实施、建设过程中，一个突出的问题之一是上海的城市空间利用率问题。

1996年上海的建成区面积为412平方千米，2005年增加至820平方千米。2018年建成区面积高达1 426平方千米，仅次于北京，相当于1996年的3.46倍，等于增加了两个半上海。上海长大了，但我感觉它长得太快了。

有人用同样的方法（遥感图）测算北京、上海和日本东京的建成区面积，结果为：北京1 600平方千米、上海1 300多平方千米，而东京只有1 203.7平方千米。

数字表明，上海、北京等地的城市扩容速度很快，其发展与繁荣是在城区不断蚕食郊区（即土地空间扩张）空间基础上发展起来的，其空间规模已经超越东京等世界大都会。

上海的政区面积超过6 700平方千米，在现实的上海政区中，《2035，上海》能发展的地方，很快就将开发完，除了东西两侧尚有一些发展余地之外，可规划建设的空间不多。空间供给不足是客观事实。为此，有人推荐金山区的北三镇是一个潜在的方向。

对这个问题，我的看法是：

（1）把提升土地空间利用的质量和效益放在首要位置，而非追求建成区、建设区空间的扩容。一个城市的规模更要看它的综合经济实力、城市建成区土地利用的产出率，即建成区单位面积和人均的经济效益。以经济总量而论，2016年，北京为24 899.30亿元（人民币，下同），上海27 466.15亿元，东京62 922.32亿元。东京大约是上海的2.3倍、北京的2.53倍。东京的城市建成区的土地产出率远大于上海和北京，新一轮的规划建设和发展应该把提升土地空间利用的产出率，即高质量发展放在首要位置。

（2）以长三角、长江流域作为上海城市空间发展的视野。在推进长三角一体化进程中，上海既要充分发挥"龙头"的引领作用，也要在区域合作中充分发挥苏浙皖三省的作用，要在合作中做"表率"、带好头，以区域的整体性、开放性视野谋划上海的城市空间，更好地发挥市场的决定性作用。

（3）从政区空间来看，适度扩容（划入相关县级市）。做大"上海龙头"，提升能级，既有利于上海全球城市的统筹规划与建设，也有利于推进长三角，乃至与苏浙皖三省的融合发展，政区调整的方向要与上海轴向发展的指向需求相一致和匹配。北向发展，推进北上海的建设是《2035，上海》城市空间的重要指向，不仅对统筹长江河口地区的开发、建设、保护极为有利，而且也有利于上海这个"龙头"向江苏沿海地区辐射，拉动苏北地区的发展。但这一指向的实现很难。

（4）提升上海在全球的主导作用和带动能力。关注竞争力的薄弱环节，作为建设世界有影响力的卓越全球城市，提升城市的能级和世界竞争力、影响力及其在世界城市体系中的地位是工作的重点，而不是简单地比拼城市地盘大小和GDP总量。

由中外城市竞争力研究院、香港桂强芳全球竞争力研究会、世界城市合作发展组织，联合制作的"2018第十七届全球（国家）城市竞争力排行榜"在香港发布。全球城市竞争力的排序结果显示，前十城市分别是纽约、东京、伦敦、巴黎、洛杉矶、新加坡、中国香港、芝加哥、旧金山和中国深圳。上海排位第14名，落后于香港和深圳。上海的危机不在地盘大小，而在科技创新、开放、管理、人文软实力、生态等方面，上海应该对症下药，努力追赶，早日实现卓越全球城市的目标（第二卷图16-1、图16-2）。

第二卷图16-1　与中国行政区划研究中心部分博士后、博士生交流学术（1996年11月）

第二卷图16-2　"五一"国际劳动节在南京西路留影（2015年2月）

第四章　沪苏浙皖 | 043

(十) 江苏省

17. 江河湖海兼得的平原省份

江苏是中国东部沿海、长江下游平原的发达省份，清代初建省，取江宁、苏州府首字得名，简称"苏"，省会城市是南京。江苏省东邻黄海，北与山东、西与安徽、南与浙江为邻，苏南东界上海市。全省下辖13个地级市（下属55个市辖区）、22个县级市、19个县，其面积约为10.72平方千米、总人口8 480万（2020年）。

江苏省是个典型的平原省份，平原面积占省域面积的70%以上，如果加上淡水水域面积，要占到90%以上。占比不足15%的山地丘陵，主要分布于省域的西南隅。可以说，平原的地形为江苏人口的集中、经济的繁荣、社会的发展提供了得天独厚的天然土地资源条件。

从自然地理视角看，江苏有两个天然的优势：第一，滨邻黄海的冲积平原还在继续向海域伸展。江苏省域面积中高质量的平原使得耕地面积较多。在苏北的盐城、苏中的南通地区，每年都要向东海延伸新增大量土地，为省域经济发展、"五位一体"的统筹规划建设提供了不可再生的、丰富的土地资源条件。第二，在这块广袤的平原上，有规律地分布着众多江河湖海。它们包括长达400多千米的长江中下游干流，700多千米的南北大运河，2 900多条大小河流；苏南的太湖与苏北的洪泽湖等水域、水资源及水系网络，东海、黄海交汇处的长江口，以及950多千米的海岸线乃至在此基础上形成的深厚的水文化底蕴，这在中国大地上绝无仅有。江苏是唯独拥有大江、大河、大湖、大海的省份（第二卷图17-1）。

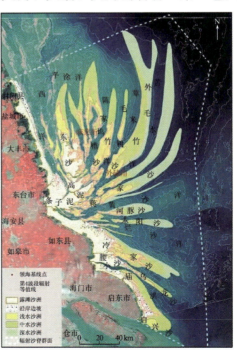

第二卷图17-1　春秋时期的扶海州（古）、南黄海辐射沙脊群

江苏省地杰人灵，经济发达，2019年经济总量近10万亿元（99 631.5亿元），仅次于广东省，仍居全国第二位。人均地区生产总值123 607元，仅次于京沪二市，居省区之首，是中国经济最发达的省份之一。

位于长江中下游的地理位置，加上平原地形地貌、江河湖海串通的水系网络，再加上集聚在这片土地上的数千万勤劳人民，是江苏得以发展的最根本和最重要的基础。江苏人务实、坚韧、灵秀、包容的品质，在这块美丽富饶的土地上，书写着无数的辉煌。作为生长、生活在长江边的江苏人，感到无比光荣。

江苏是我土生土长的地方，自幼在长江北岸农村长大。我在那里生活、学习了14年！这14年，家风严厉，私塾、小学、初中，特别是中等师范的教育影响很深，留下了深深的乡土烙印。扬州师范学校毕业本该分配至家乡小学任教，命运给了我机会，1955年我被选送参加高考，幸运地录取进入华东师范大学地理系。

因为是故乡，我在江苏留下的足迹较多，包括调研、考察、旅游，以及承接研究课题，参加专业性会议等（第二卷图17-2）。虽然在沪工作生活直至退休长达50余年，但我对故乡有着一种特殊的感情，经常会回家看看，走亲访友，也自然特别关注江苏的发展、家乡的变化！

第二卷图17-2 苏中姜堰溱湖湿地公园（2011年5月）

有意义的是，我主编并在东南大学出版社出版《当代中国城市—区域：权力·空间·制度研究丛书》成功入选"十二五"国家重点图书出版规划项目，其首次编辑与作者会议于2011年5月在江苏泰州召开，之后的2017年11月，我的一些同学、朋友和弟子饶有兴趣参观了我的老家，在故乡——泰兴市宣堡镇郭寨村留下足迹（第二卷图17-3、图17-4）。

第二卷图 17-3　《当代中国城市—区域：权力·空间·制度研究丛书》编辑与作者会议在泰州召开（2011年5月）

第二卷图 17-4　泰兴市宣堡镇郭寨村老宅前留影（2017年11月）

18. 苏南·苏中·苏北

江苏省的形态略呈东南—西北向平行四边形，南北较长，跨越长江、淮河两个流域，兼具北方和南方的两种气候特点、两种地理文化及不同的风俗习惯。我的家位于长江边，是喝长江水，吃长江天然堤上的农作物（包括水稻、麦子和玉米、小米、红薯等旱作杂粮）长大的。早些年份，上海人把长江以北的江苏居民通称为"苏北人"，感觉是对"苏北人"的一种歧视，一定程度上也是对江苏地理知识的无知。

苏南、苏中、苏北是三个不同的地理概念。长江和淮河是区分江苏南北的重要地理分界线。长江以南是苏南地区，主要指苏（州）、（无）锡、常（州）和省会南京及镇江，是江苏，也是中国经济最发达的地区之一；淮河以北称为苏北地区，泛指徐（州）、淮（阴）、连（云港）、盐（城），也包括宿迁市，是江苏省内经济欠发达地区；而位于长江和淮河之间的地域，则属于苏中地区，包括（南）通、泰（州）、扬（州），是苏南与苏北的过渡区域，人口密集，当今是江苏省经济比较发达、发展较快的经济区域。

纬度地带性和微地貌结构导致江苏南北的自然差异，直接对农业生产和人文地理景观带来显著影响。苏南水网密布，是典型的江南水乡；苏北（特别是里下河地区）则是另一种人文地理景观。由于地势低洼，大小湖泊众多，特别是受淮河影响，历史上水灾频繁，经济落后；而位于淮河和长江之间的苏中地区属于过渡带，特别是受长江天然堤的影响，发育较多的高亢沙土，旱作比重高，农业结构和景观独特。

江苏省域文化类型比较丰富，地域分异比较明显。苏南的苏锡常属于太湖文化，与上海以及浙江的杭州、嘉兴、宁波等地同属吴越文化圈；苏南的宁镇地区属于沿江文化，与安徽皖江文化相近；苏中是以扬（州）—泰（州）—淮（阴）为中心、大运河为主干的运河文化圈；苏北西部以徐州为中心，属于黄河文化圈的范围；东部沿海以南（通）—盐（城）—连（云港）为中心，则属于沿海文化圈（第二卷图18-1至图18-6）。

第二卷图 18-1　苏北、苏中地区的分界线标志：秦岭—淮河线（此线地点在淮阴中心城区。2019 年 5 月）

第二卷图 18-2　苏北徐州铁山禅寺、淮安府署（2019 年 5 月）

第二卷图 18-3　苏中扬州高邮邵伯古镇（2019 年 5 月）

第四章　沪苏浙皖 | 047

第二卷图 18-4 苏中京杭大运河扬州段（2007 年 1 月）

第二卷图 18-5 苏南大运河苏州无锡区段（2005 年 11 月）

第二卷图 18-6 苏南太湖湖滨（2010 年 6 月）

苏南地区得益于优越的地理区位、富庶的江南水乡、发达的交通和与近代上海大都市的邻近性，经济率先跃升。苏中地区得益于运河的开通和漕运、盐运的兴起，曾经几度辉煌与衰落；到了近代，因长江航运、沿江港口的发展，上海、苏南的拉动，有所发展，但由于长江的阻隔，南北差距较大；改革开放之后，伴随一座座长江大桥的架起，苏中崛起。苏北地区受梯度规则的影响，虽有苏南强有力的对口支援，发展加快，但受制于地理区位和文化因素，想跳出第三梯队，赶上苏中尚需时日。

19. 说说苏州这座城市

上有天堂，下有苏杭，杭州、苏州本来是世界知名的文化旅游城市，如今一个是省会城市，一个是全国经济排名首位的地级市，也都是大城市。从苏州来看，2020 年的 GDP 超过 2 万亿元，位居江苏省首位，是全国各省之中少有的超越省会城市的地级市，更是苏锡常地区的老大。在中国行政区经济分割的时代，苏州人的自豪感增强，在一定程度上使大上海感到压力！

我以为这种排名失之偏颇，甚至不公平，特别是对于苏南的苏锡常地区来说，很不合理。第一，这种数据的排名，没有区分苏州、无锡、常州三个地级市行政区域面积的大小、人口的多少。1983 年江苏省率先推行市县体制、撤销苏地州区时，无锡市只分得江阴和宜兴两个县，当然还有无锡县，常州也是三个县市，苏州却自留了五县一市。这种"不公平"、不可比的排名让人不服。第二，地级市之间的比较应该突出"市区或建成区"，以建成区的面积、人口比较城市之间经济实力的差异。这是城市规模的科学合理比较。如此进行比较，无论是从江苏省内，还是从全国看，地级市的首位都轮不到苏州了，很可能就是无锡。

我说上面的话不是贬低苏州。事实上改革开放以来，无论是从市域和市区两个层面上看，苏州经济发展的速度、城市规模、形态和功能的提升及其集聚能力等都有了极大的提升，成绩骄人，引人注目。

苏州城区临近上海，交通便捷，是我常去的地方，留下的影像较多（第二卷图 19-1 至图 19-6）。

第二卷图 19-1　老伴与弟子们在苏州观前街留影（2004 年 1 月）

第二卷图 19-2　苏州玄妙观（2013 年 9 月）

第二卷图 19-3　名街观前街、名店"得月楼"（2004 年 1 月）

第二卷图 19-4　考察苏州新加坡工业园区（2004 年 1 月）

第二卷图 19-5　苏州玄妙新天地（2013 年 9 月）

第二卷图 19-6　苏州平江路古街巷（2013 年 9 月）

20. 故乡情怀：江苏泰兴·宣堡镇

　　我的故乡——泰兴县（今泰兴市）位于东经 120°的苏中地区滨江，地理区位优越，水陆交通便捷，是长江岸边的一颗明珠。在城区的银杏公园内有一个东经 120°的地理坐标装置，2017 年老伴曾为我在这个装置旁留下珍贵的影像。

　　泰兴始建于五代南唐昇元元年（937 年），元代升格为上等县，1992 年撤县设市；现与昆山市、沭阳县同为江苏省直辖试点。

宣堡镇郭寨村是我出生的地方，在农耕时代，我是靠喝村上的母亲河——"铡刀汪"和生命井的水，吃着土壤中含有"硒"元素的多样旱作——小麦、元麦、大麦、小米、玉米、荞麦、山芋、花生、豆类等长大的。家家户户种植的成片"大拇指白果（无公害银杏）"在全国闻名，我的弟子和亲友都知道我有一种"银杏情结"。从儿时的私塾，直到临江中学（今江苏省口岸高级中学）初中毕业，再到扬州师范学校的求学生涯，我经历了中国的政治大变革，新中国良好的师范教育给了我做人的道德根基，影响了我一辈子！

2017年11月，母校——华东师范大学召开了"中国政区/社区的改革实践与理论开拓——刘君德教授的地理人生与学术思想研讨会"，会前安排了赴泰州市高港区和泰兴市宣堡镇郭寨村（国家级生态村、江苏省最具魅力休闲乡村），以及名镇黄桥的考察活动。我的弟子和同事参观考察了我的故乡，留下师生足迹，这是我晚年人生中值得记忆的事件（第二卷图20-1至图20-5）。

第二卷图20-1　上海的学术思想研讨会合影（2017年11月）

第二卷图20-2　泰州市高港区口岸镇的母校赠书仪式，泰兴市宣堡镇的森林小镇、郭寨村标识（2017年11月）

第二卷图20-3　泰兴市黄桥镇的中国地质学开山大师丁文江故居及留影（2017年11月）

第二卷图 20-4　出生地宣堡镇郭寨村、泰兴的东经 120 度坐标装置和家门口的银杏树与菜花留影
（2017 年 11 月）

第二卷图 20-5　村支书送书、弟子们参观儿时居住的老屋后院留影
（2017 年 11 月）

21. 民国都城·省会城市：南京

　　南京是首批国家历史文化名城。公元前 571 年，楚国在今六合设棠邑，是南京最早的地方建置，也是南京建城之始，至 2019 年已有 2 590 年的建城史。公元前 333 年，楚威王熊商筑金陵邑。公元 229 年，吴大帝孙权在此建都，改秣陵为建业，南京始崛起，并引领长江流域乃至整个中国南方的发展。此后，东晋和南朝的宋、齐、梁、陈均相继在此建都，称"六朝古都"。南京，长期为中国南方的政治、经济、文化中心。

　　今日，南京是江苏省的省会、国家副省级市，长三角及华东地区除上海之外第二大都会、长江经济带上的重要中心城市。明清时期，出自南京江南贡院的状元很多，如今是全国最重要的科研教育基地之一和国家级综合交通枢纽。

　　20 世纪八九十年代，我从上海去南京常常坐船，对港口码头、新街口比较熟悉；21 世纪初开始我与东南大学出版社城市工作室联系紧密，常去逛逛鸡鸣寺、玄武湖。数十年来，我见证了南京的树木长高了，也慢慢变老了。几年前，一个晴朗的夏天，我从位于进香河路的东南大学出版社走到玄武湖，来回几乎都不会被太阳晒着，遮阳伞成为多余。我感觉，整个南京城似乎被树林包围着，南京在林中长大、崛起，城在林中，居在林中，校在林中，过往"火炉"之南京已经一去不复返了（第二卷图 21-1 至图 21-6）！

　　江苏省域在长期的发展中形成苏锡常、南京和徐州三大都市圈，苏锡常和南京两个都市圈是长三角的核心区域，徐州是苏、皖、鲁、豫跨界区域（徐淮经济区）的中心城市。作为省会城市，南京的地理位置严重偏于省域西南隅，都市圈范围包括安徽省的马鞍山、芜湖和滁州三个地级市，也影响外围的宣城、合肥地区。我以为，南京、徐州都市圈的规划编制打破了行政区划的分割，提出了跨界发展与治理的许多好的设想，是一个兼顾各方利益的整体性、全局性都市圈规划，顺应了区域经济发展的客观规律。然而，这一规划却受到了相邻省级政区的"刚性约束"，被束之高阁。不仅如此，2013年安徽省以合肥为中心，大幅度地调整了行政区划，地级巢湖市被撤销，一分为三，分别划归合肥、芜湖、马鞍山三市。这是跨界都市圈（区）的合作理念的倒退！庆幸的是2021年2月，国家发展改革委（简称发改委）正式批准了南京都市圈规划，意味着新时期，苏皖两省将打破区划分割，携手共推南京都市圈发展。

第二卷图 21-1　南京中山陵（2009 年 3 月）

第二卷图 21-2　南京夫子庙（夫子庙是明清时代南京的文教中心。2009 年 3 月）

第二卷图 21-3　从南京东南大学出版社步行去玄武湖途中（2015 年 7 月）

第二卷图 21-4　南京玄武湖一景（2009 年 3 月）

第二卷图 21-5　与美国的儿孙在南京南站留影（2013 年 7 月）

第二卷图 21-6　从南京返沪途中游无锡善卷洞留影（2013 年 7 月）

22. 南京长江大桥

2021 年，我 84 岁，在新冠疫情好转的间隙，赶往南京东南大学出版社，与新老两位策划编辑商谈本书出版问题的间隙，在储胜金陪同下专程去游览了南京长江大桥景区（第二卷图 21-1、图 22-2）。对于地理学家来说，这是必看的景点，不仅因为南京长江大桥是新中国第一座自主设计的长江大桥，而且因为它在交通地理和城市—区域地理上的重大意义。我去南京许多次，每次都匆匆忙忙返回，对这座桥的现场感受不深。这一次终于圆梦了，在大桥景区拍摄了大量照片，参观了景区介绍。无意中发现老伴的姐夫、中国著名铁路桥梁专家林荫岳的大名，一时十分兴奋，它见证了新中国培养的一批桥梁专家对中国桥梁事业做出的巨大贡献！

第二卷图 22-1　南京长江大桥留影（2021 年 5 月）

第二卷图 22-2　南京长江大桥全景（2021 年 5 月）

23. 京杭大运河与东线南水北调

京杭大运河是世界上开凿最早、规模最大、最长的运河，与隋唐运河、浙东运河总称为中国大运河，是世界文化遗产。它跨越 10 多个纬度，途经 6 个省、直辖市，串联海河、黄河、淮河、长江、钱塘江五大水系，是中国古代南北交通的大动脉，具有重要的经济、文化和历史上的政治、军事战略意义。

我一直想对京杭运河（特别是淮扬段）进行一次考察。2019 年的 5 月，我选择了一个好天气，由我的侄子陪同开车，于 12 日清晨从上海出发，走沪宁高速，过江阴大桥，直奔位于泰州与扬州两市交界处高港区口岸镇（今口岸街道）的南水北调东线第一工程——泰州引江河水利工程，从那里出发，开始我的运河之行。

这第一站就是我儿时在江边古镇——口岸镇读书生活的地方，分外亲切。我在引江河大坝桥上独步来回，拍照、思索。

早在 1991 年，我为"扬泰分治"、泰州"独立"出了不少力，当时就建议泰州政府规划建设引江河工程，在"分治"实现后，专家们的建议被省政府采纳，引江河工程耗资 12 亿元，于 1999 年 9 月竣工。时隔 20 年之后亲临现场，我有一种说不出的兴奋。

站在引江河坝桥的西头，我看到石碑上的工程介绍。

这是一项以引水为主，集灌溉、排涝、航运、生态、旅游综合利用的大型水利设施。位于扬泰交界，距长江 1.9 千米，由泵站、节制闸、调度闸、送水闸、船闸和 110 千伏的专用变电所组成。工程总抽水能力为 300 立方米/秒。泵站通过闸门调节，实现了抽引、抽排双向运用。高港枢纽总引水能力 600 立方米/秒。引江河的河道宽、岸线直，船闸闸室长 196 米，宽 16 米，槛上水深 3.5 米，可行千吨级船舶。泰州引江河水利工程的建成，增加了南水北调的供水能力，提高了里下河地区和通南地区的灌排标准，促进了江苏省长江以北地区的航运发展，为苏中、苏北地区改善水质、沿海冲淤保港、实施滩涂开发提供了充足水源（第二卷图 23-1）。

第二卷图 23-1　江苏泰州引江河（2019 年 4 月）

我目睹家乡这一耗资巨大的宏伟工程，深深感慨"扬泰分治"后泰州之变，而变得最快、区划调整成效最为明显的就是高港地区！

第二站是"江都水利枢纽"，它是南水北调第一工程。记得 1952—1955 年我在扬州师范学校读书时，每次回家都要经过江都县万福桥，路过这座新中国在运河上新建的规模宏大的水利工程。1955 年，我从扬州师范毕业之后，没有再去过江都。此次重逢，有一种怀旧感。

江都水利枢纽工程位于原江都县老城区南端。由这里北望，是一片广袤的苏北平原，稻菽千重，鱼米之乡。历史上，这里易旱易涝，新中国成立后，毛泽东主席发出"一定要把淮河修好"的号召，在周恩来总理的直接关怀下，举世瞩目的江都水利枢纽工程，1961 年 12 月动工，历时 16 年，于 1977 年 3 月建成。这是一座拥有远东最大排灌能力，能发电、航运的综合水利枢纽，也是我国南水北调工程的第一站。全站共拥有 33 台机组，总功率为 49 800 千瓦，每秒钟可提引江水 473 吨，自引江水 550 吨。一天一夜的抽水量，如果注入宽深 1 米的水渠，可以绕地球一周。

在水利工程正门，看到指路牌上写的是"国家水利风景区——江都水利枢纽"，"风景区"包括黄金大道、源头广场、展示中心、古典园林、山林野趣、休闲垂钓六个组成部分。遗憾未能获准进入。我们只好在周边走走、看看，近距离拍到的"东闸工程"也相当宏伟（第二卷图 23-2、图 23-3）。

离开江都水利枢纽，我们沿着运河公路北行，很快就到达运河重镇——邵伯古镇，下车后，看到这个中国文化名镇正在大规模修复，我们停下脚步，漫步在大运河畔，惊喜地发现邵伯古堤、邵伯码头等世界文化遗产标志（第二卷图 23-4、图 23-5）。

资料介绍，邵伯是唐宋以后京杭运河线上闻名的繁华商埠。明清时期设邵伯巡检司，辖 24 坊 8 铺；民国元年（1912 年），设邵伯市，辖 15 庄 5 镇。如今的邵伯依然比较繁华。我在这段古运河岸边来回漫步，观看大运河来往如梭的大小船只，旧时的码头。京杭大运河作为中国仅次于长江的第二条"黄金水道"仍焕发着青春。

中午时分，我们在一家不大的饭店美美地吃了一顿里下河的鱼虾！饭后，沿运河古堤继续北行，突然看到大堤右侧一座黄色的"采油树"从眼皮底下一晃而过。原来这里是江苏油田。大运河上的庞然大物——原来是装油的油轮啊，很快到达高邮港，傍晚抵达淮安（第二卷图 23-6、图 23-7）。

第二卷图 23-2　江都水利枢纽工程（2019 年 5 月）

第二卷图 23-3　自流引江的江都东闸工程（为里下河地区提供水源。2019 年 5 月）

第二卷图 23-4　大运河河畔的扬州大学（2007 年 1 月）

第四章　沪苏浙皖 | 059

第二卷图 23-5 大运河河畔的扬州古建筑（扬州被称为运河之都，是中国历史文化名城。2007 年 1 月）

第二卷图 23-6 大运河苏北（邵伯）段（河中为待运的油轮。2019 年 5 月）

第二卷图 23-7　大运河旁的高邮设市会议参观留影（1991 年秋）

大运河是实施国家南水北调工程战略的重要通道，是江苏省名副其实的南北大动脉，也是一条重要的运河经济带，应该打造成颇具特色的风光带！运河的生态廊道建设还有待加强。

24. 南北地理分界线上的城市：淮安

淮安是我一直想去考察的城市。一是因为它的历史文化；二是因为淮安是伟人周恩来总理的故乡；三是因为它位于中国南北地理分界线；四是因为这个城市建立的空间组织结构很特殊。因此，我们将此次苏北运河考察的终点定在淮安。

下午 3 点多钟到达原淮安县（今淮安区），随即去周恩来纪念馆参观瞻仰。那天人很多，只能走马观花，纪念馆突出展示了周总理全心全意为人民服务，一生为党为人民鞠躬尽瘁的精神。

离开纪念馆已经是傍晚，在去清江浦区一家酒店的途中，发现虽同在淮安市内，但路程并不短。原来淮安市是由淮阴行署驻地（今清江浦区）和淮阴县（今淮阴区）、淮安县（今淮安区）三个建制城区组建而成的地级市，是在三驾马车基础上形成的城市空间组织结构。这在中国城市行政区划体制的构建中是不多见的。

从历史来看，淮安曾驻有漕运总督府、江南河道总督府，是漕运枢纽与苏州、杭州、扬州并称运河沿线的"四大都市"，同为中国运河之都、中国历史文化名城，淮安也是中国南北分界线上的一座名城。

所谓南北分界线，是指中国传统意义上的南北方分界线，即秦岭—淮河线。这里是一月份零度等温线，800 mm 等降水量线，是气候意义上的亚热带与暖温带的分界线，湿润与半湿润的分界线，亚热带季风气候与温带季风气候的分界线，也是植被意义上的亚热带常绿阔叶林与温带落叶阔叶林的分界线，传统农业上的水田与旱地分界线。可见，淮安这座城市具有重要的地理意义。

傍晚，我们迫不及待地从酒店步行前往南北分界线的标志区——中国南北地理分界线标志园，标志园正逢修缮，无法进入"内部"，只能站在附近种植芦苇的古运河畔，欣赏分界线美丽的夜景。作为地理学人，领略它的地理意义，足矣。

网络上部分人员对淮安建设"分界线"有些微词。其实，南北地理差异并非为一条线，而是一个过渡的地理带，不管哪个省或哪个地区和城市都不能垄断。但淮安境内历史上发生过"黄河夺淮",使古黄河与古淮河汇为一体,穿城而过;同时有"南船北马"之说。作为一座兼具南北特征的历史文化名城,建设中国南北地理标志园无可厚非。

经过批准,中国南北地理分界线标志园于2009年在淮安建成,淮安成为我国首个建设南北地理分界线标志的城市(第二卷图24-1至图24-3)。

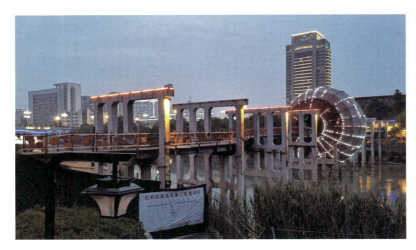

第二卷图24-1 淮安古运河(此为南北分界线的重要标志。2019年5月)

第二卷图24-2 淮安宾馆(2019年5月)

第二卷图 24-3　淮安周恩来故居（2019 年 5 月）

25. 苏锡常行政区划战略研究

在民政部和江苏省政府支持下"华东师范大学中国行政区划研究中心"成立后，我主持开展了新中国首项行政区划领域的战略研究项目，即"苏锡常地区行政区划战略研究"。

该项目是对新成立的区划中心的一个巨大挑战，也是一个展示中心实力和能力的机会，为此我动员和组织精兵强将，精心策划、充分准备，于 1990 年 12 月上旬开赴苏锡常三个地级市及其所属的 12 个县市进行了连续两个月的漫长而"神秘"的调研（第二卷图 25-0）。期间我们许多人没有回过家，穿行在城市和乡村，耐心倾听各类人员反映情况，以及关于行政区划的问题与建议。其内容涉及资源、历史、人口、经济社会、城镇发展、环境生态六方面的 62 项。开过的大大小小的座谈会不下 100 场。

经过课题组同志的集思广益、群策群力，1991 年底，我们完成了《江苏省苏锡常地区行政区划改革战略研究报告》（简称《报告》）和近百幅手绘附图，交出了满意答卷。《报告》提出的一系列独到见解，包括理论发现和政策建议，对推进苏南地区的行政区划改革，乃至全国的城市型区划改革起到了开拓引领作用；对开创中国特色的政区地理学理论和实践起到了奠基性作用，研究成果获民政部和专家的高度评价。1995 年 12 月该项成果获首届高等学校人文社会科学研究优秀成果一等奖。我很荣幸地赴北京人民大会堂参加了颁奖仪式。

第二卷图 25-0　与导师严重敏先生等人在常熟市维摩山庄合影（1990 年 12 月）

26. 扬（州）泰（州）分治论证

有史以来，苏中地区一直包含扬州、泰州和南通三个中心城市，泰州居中，扬州依托大运河，位置偏西；南通伴随长江冲积平原的东扩，地盘越来越大。好事多磨，1984 年，江苏省在推进"市管县"体制过程中，将原本好好的泰州降格为县级市，兼并给扬州，其理由也许是因为泰州的城市规模过小，与扬州的距离较近吧。

众所周知，中国的一个城市一旦被降格和兼并，其打击之大、影响之深。不仅是一大堆干部安置问题弄得人很头疼，百姓也因为投资减少、经济发展和就业受影响而有怨言。为此，泰州地区的官员和学者，以及百姓，强烈要求"三泰"（泰州、泰兴和泰县合称"三泰"）地区"独立"，恢复泰州的历史地位。这引发不少学者的专注。我是地地道道的"三泰人"，自然十分关注泰州的问题，也深知其中的矛盾，特别是泰州的苦衷。

许多有识之士，包括学者奔走呼吁，舆论倒向泰州。中国行政区划研究中心在完成"苏锡常地区行政区划战略研究调查"之后不久，"三泰"地区的行政区划调查几乎同时开始了。我带领三位"高手"前往"三泰"进行"秘密"调研。1991 年 10 月底完成了论证报告，提交给民政部和省民政厅。"三泰"调查的结论归结为 8 个字："扬泰分治""港城一体"。很快被有关部门认同和采纳。由于推进过程中的强大阻力，"扬泰分治"的批示姗姗来迟。1996 年 2 月终于等来江苏省委、政府的决策，7 月国务院正式批复；同年 11 月，"三泰"地区正式脱离扬州，设立地级泰州市。

泰州市升格之后，经济迅猛发展，超越了镇江，与扬州平起平坐，特别是新设立的高港区成为全省经济增长最快的城区。泰州经济大发展，港口、城区展新容，百姓生活大提高，我为家乡做了一件有益的大事，感到十分欣慰。

泰州区划之变留给我们的思考是，撤销地级市要慎之又慎，随意降低一个城市的等级更不可取，因为它涉及这个地方的发展，并直接影响到百姓的生活环境和就业机会（第二卷图 26-1 至图 26-3）。

第二卷图 26-1　泰县（今姜堰）调研项目组成员合影（1990 年 10 月）

第二卷图 26-2　扬州瘦西湖留影（1995 年 10 月）

第二卷图 26-3　扬泰分治后建立的重大水利工程——引江河工程（2019 年 5 月）

27. 徐州都市圈及未来的思考

徐州在江苏省 13 个地级市中，经济实力排名第 6（2013 年）。历史上徐州是兵家必争之地，战略地位重要；近代，徐州是中国东部的交通枢纽，连云港—徐州成为欧亚大陆桥的桥头堡和区域性中心城市。在"一带一路"倡议中，连云港—徐州担当桥头堡和重要基地的作用。我关注徐州是因为其未来的行政区划体制走向问题，还有徐州与山东、安徽、河南的关系对徐州都市圈的影响。我在想，有没有可能建立一种新体制破解这个难题？

关于徐淮地区建省的讨论。早期张兆岐先生在《地学杂志》9 卷 6 期（1918 年）就发表了"徐州改建行省意见书"（《中国省制》第 191 页，大百科出版社，1995 年）；我的老师、著名人口和地理学家胡焕庸先生 1945 年在《缩小省区草案》中提出建立"徐海省"的设想方案。我赞同前辈学者提出徐州建省的呼吁。1998 年，我在《中国方域：行政区划和地名》期刊发表了《行政区划改革和区域可持续发展》一文。文章以徐淮地区为例，从区域可持续发展视角，论证了设置"徐淮省"的重大意义。

幸运的是，江苏省建设厅邀请我们参与了关于徐州都市圈规划研究的项目，负责对跨省都市圈的行政体制问题进行调查，要求从理论和实践两个方面进行论证、提出建议。2001 年，我带领几位博士生、博士后对苏北、皖北和鲁南地区进行了详细调研，完成了这个跨省都市圈的专题研究报告。

从行政区经济走向跨界的都市圈经济，是本研究成果的基本观点。和南京都市圈一样，解决都市圈的跨界分割和利益协调问题难上加难，行政区经济的惯性作用短期内难以解决。徐州都市圈课题的研究，进一步坚定了徐淮建省的必要性、科学性。中国是中央集权制国家，省区的阻力再大，一个权威性中央政府仍然是可以推进的。徐淮独立建省的认知不仅是许多学者希望的，也是徐淮经济区 3 100 万民众所祈盼的。

在"一带一路"全球视野下的徐州是中国东部最重要的区域中心城市，未来的人口、经济规模以及其影响力应该与郑州、西安、兰州、乌鲁木齐等省会城市具有同等的地位（第二卷图 27-1 至图 27-3）！

第二卷图 27-1　徐州市中心全图（2019 年）

第二卷图 27-2　徐州云龙湖、烈士陵园（2019 年）

第二卷图 27-3　淮海经济区（徐州）合作发展论坛留影（2002 年 10 月）

28. 常州区划调整的系列研究

常州是我留下的足迹最深、影像最多，感慨也最多的地级市。常州与我的家乡——泰兴仅一江之隔，小时候，从口岸的高港乘坐小火轮到常州的奔牛古镇，然后即可转乘火车去上海了。常州与泰兴、泰州地理上临近，来往便捷，人文相亲，联系紧密。

2000年前后，特别是退休之后，应武进市政府，特别是常州市民政局、规划局等要求，我承担过许多课题，涉及乡镇和市域行政区划调整改革、城区东西两翼规划、城区外围片区规划，以及基于"五位一体"空间的常州市城域（城区）行政区划调整与改革等方方面面的内容（第二卷图28-1至图28-5）。我在常州市域空间规划思想、空间格局研究中反复强调了构建和推进（无）锡—常（州）—泰（州）都市区的必要性和重要性。

随着多座临近的长江大桥，特别是常泰大桥的兴建，江苏省中部的苏南—苏中一体化推进将大大加快，这里将有可能诞生长江下游、上海与南京之间又一个大都会区——锡常泰都会区。这对进一步做强长江下游经济带，推进苏中地区，进而推进苏北地区的发展具有重要的空间战略意义。

我在常州说过，"常州的问题一半在区划"。这句话是在21世纪初开展常州市行政区划战略研究时说的，当时的常州与武进两个市建成区实为一体，区划矛盾十分突出，两市相互牵制，自成体系，重复建设极为严重。特别是武进市的乡镇包围着常州城区，只在北面开了一个口子，即新北区。常州市的东、西、南三个方向被武进市严重阻隔。常州的发展必须打破行政区划的藩篱，推倒阻碍空间扩展的这座看不见的"墙"。

在课题研究中，我们找到了早期在苏锡常三座中心城市之中，常州之所以发展相对缓慢的病根——空间发展主轴选择的失误。即行政区划逼迫常州违背长三角东西向轴线发展的自然空间规律，投入巨资向北（新北区）发展，而这并非常州最优的拓展空间——东西两翼。这个最优拓展空间的主体为武进市的乡镇所占据。

2010年我在承担的"基于'五位一体'的常州市域空间规划研究"课题中，提出了"权力＋空间＝生产力"的理性解读，可以说这是"行政区经济"理论的新诠释。课题组从政区空间＋"五位一体"空间的关系中求得最佳的行政区划调整改革方案，并得以实施。可以说，这项课题成果是行政区划和城市规划有机融合的样本。2012年我又与澳大利亚悉尼科技大学进行了相关合作（第二卷图28-6）。

第二卷图 28-1　建设中的常州港区与常（州）泰（州）大桥（1996 年 6 月）

第二卷图 28-2　武进市乡镇行政区划调查（1996 年 6 月）

第二卷图 28-3　"武进市乡镇行政区划调整方案研究"课题组调研及留影（1996 年 6 月）

第二卷图 28-4　常州市天宁寺（2004 年 8 月）

第二卷图 28-5 常州市新北区的现场讨论会（2004 年 8 月）

第二卷图 28-6 与澳大利亚悉尼科技大学合作开展常州市行政区划调整改革的调查（2012 年 9 月）

29. 考察太湖洞庭东西山古村落

20 世纪 50 年代后期，我还在学生时代，就在老师带领下去太湖洞庭东山实习，太湖留给我的印象是气候宜人，湖水清澈，不时有大小船舶来往于东西山，山上多花果，东山枇杷很有名，江南风格的村落密布，是一个农林牧副渔多种经营，城镇发达、美丽的山村。西山岛蕴藏有比较丰富的煤矿，那时候岛上有劳改所，开采煤矿，是不能随便去的。毕业留校后，我参加导师严重敏先生的苏锡地区小城镇课题研究，独自坐小火轮去过东山镇收集资料。

对太湖洞庭东西山的深入了解是进入21世纪，由我的弟子袁中金教授安排在暑假期间前往考察、度假过程中体验形成的（第二卷图29-1至图29-6）。2014年夏天，我们还陪同悉尼科技大学中国研究中心卡洛琳教授赴东山考察古村落。留下印象最深的有明月湾、陆巷古村落。

太湖洞庭西山南端的明月湾古村，环境优美、历史文化遗存丰富多彩。相传春秋时期，美女西施在此赏明月而得名。唐代大诗人白居易等都曾留下赞美的诗作。南宋金兵南侵，大批高官贵族到此隐居，繁衍后裔。明清两代，许多明月湾人加入洞庭商帮，外出经商，发家致富。鼎盛的嘉庆年间，在明月湾修建了大批高档宅第和祠堂、石板街、河埠、码头等。精致典雅的宅第和祠堂建筑保存完好，极富江南特色。

明月湾古村落那棵已经凋落的古樟树和极具历史价值的船码头、古杨树、古村落等给我留下深刻记忆。那伸入太湖的古码头，就是当年无数村民走向外部世界的主要通道啊。此外，两条东西走向的石板街也是原汁原味的"村街"，颇具古风意味。在两街之间多条横巷，纵横交叉，形似棋盘。在以花岗岩条石铺设街面之下则为沟渠，方便排水。整个"村街"的规划设计建造依托自然，科学有序。

陆巷是洞庭东山的一个著名古村落，为明代正德年间宰相王鏊的故里，因王母姓陆得村名。村落位于东山山坞之中，站在村庄对面一个不大的廊亭，背靠山岭，前观太湖。湖水碧波荡漾，不远处小岛与西山遥遥相望，是一幅自然山水与民居融合的美丽画卷；左侧，一座座民居犹如积木，搭建在缓缓的山坡林果茶园之中，那灰黑色的瓦片，白白的墙壁，高低错落的村户，真是美极了。

陆巷名人荟萃，被誉为进士摇篮、教授之乡，建筑群数量多、保存完整，是名副其实的"太湖第一古村"、全国首批历史文化名村。行走在这座村街，不禁感慨太湖村镇历史文化之深厚。

第二卷图29-1　我在太湖洞庭西山明月湾古村落1 200年的古香樟树前留影（2007年11月）

第二卷图 29-2　太湖洞庭西山明月湾古村落的河埠码头（2007 年 11 月）

第二卷图 29-3　太湖洞庭东山陈家浜村考察（风雨交加，前往太湖古村落。2013 年 10 月）

第二卷图 29-4　太湖洞庭东山陈家浜村的地方名产（这里是芡实的生长环境。2013 年 10 月）

第二卷图 29-5　洞庭东山的陆巷古村落（2012 年 9 月）

第二卷图 29-6　我在东西山的古村落小住留影（2012 年 9 月）

30. 昆山情结

昆山市是江苏省直管、苏州市代管的县级市，东与上海嘉定、青浦两区交界，西与苏州相城区、吴中区、苏州工业园区接壤，北至东北与常熟、太仓两市相连，南部毗邻吴江区。昆山拥有 3 个国家级园区（昆山经济技术开发区、昆山综合保税区、昆山高新技术产业开发区）、2 个省级园区（江苏省花桥经济开发区、江苏省昆山旅游度假区），下辖 8 个建制镇，其面积为 928 平方千米、实有人口 164.7 万（2010 年普查），高出户籍人口 1 倍多！昆山连续 14 年蝉联全国县级经济之首，2018 年的 GDP 总量达到 3 850 亿元，大大超过许多地级市。可在 20 世纪六七十年代，昆山还是一个地地道道的农业大县呢！

记得 1958 年，我还在学生时代，陈吉余教授领衔开展了大规模的上海前缘地区的地下水源资源调查工作，我们班被分成若干小组，派往苏州相关县定点采取水样，我们小组几个人被分配在昆山县一个湖区进行水样测试。大家吃住在船上，当场取水样做化学分析，记录数据，每小时采样测量一次，24 小时不间断。那是我第一次进入昆山县。第二次是毕业留校之后，1963 年，我参加了严重敏教授主持的关于苏锡地区小城镇研究的项目，跟随先生赴苏锡地区开展小城镇调查。那时候，昆山地势低洼，湖荡纵横，交通不便，是苏南水乡一个地地道道的农业大县，县城不大，下属城镇的规模都不小。县城和各乡镇之间少有汽车通达，水网密布，水运发达。我们都是去码头坐小火轮（即小汽船）去各乡镇做调查的。

1978 年，改革开放的春风吹遍祖国大地，大上海似乎尚未醒来，许多清规戒律使一批大三线、小三线企业被拒之门外，昆山人抓住机遇，敞开大门，外引内联，迅速崛起。昆山凭借其临近上海的区位优势，筑巢引凤，一大批台资、韩资和新加坡的企业纷纷落户建厂，昆山开发区一扩再扩，非农业人口、外来民工迅速集聚，经济迅速腾飞，一个农业县瞬间演进为工业强县，1989 年昆山首批撤县设市。

多年来我与昆山一直保持着紧密的联系（第二卷图 30-0）。先后在民政、国土、发改委、研究室担任领导工作的朱洪才是我在昆山最好的朋友。与我合作的加拿大博士马昂主（中文名）的进修实践，许多来自美国、加拿大、日本和我国香港、台湾地区的同行们去昆山参观考察等，都得到他的鼎力相助。

2003年3月，昆山举办了社区干部培训班，我应邀做了题为"城市社区组织与管理体制创新"的报告，得到主持会议的一位副市长的鼓励。

2006年我和朱洪才一同被英国诺丁汉大学邀请赴英访问。

数十年来，昆山一直居于中国县级市领头羊的地位，引领着中国县市经济的腾飞。昆山的发展有地理区位因素，特别是与上海的临近优势，但本质上还是昆山自身的内因，是一种求变、求发展的改革精神和创新精神，是一种与时俱进的昆山精神。

第二卷图30-0　参观昆山的企业并探讨城镇发展留影（2012年4月）

31. 感慨江阴这座城市

与昆山一样，江阴也是一个全国知名的经济发达的城市，居全国县级市第2位。江阴地处江苏中部长江南岸，江阴长江大桥横跨大江南北。大桥对岸的左侧，汽车半小时的路程即可到达我的家乡——泰兴市。数十年来，我不知多少次来回穿越江阴大桥，而每一次都会感觉江阴这座城市在变。

江阴与昆山的不同之处有两点：第一，江阴依靠长江，而昆山不依靠长江；第二，昆山紧邻上海这座国家经济中心城市，而与江阴较近的无锡、常州远不能和上海相比。江阴靠的是港口和地理区位优势，靠其在20世纪80年代乡镇工业大发展时期的基础及其自身的内在动力。沿长江岸边东西向延伸带是江阴城市发展的主轴，也是其城市形态特征。

我对江阴的感慨主要也有两点：一是它与周边城市张家港、长江对岸的靖江，以及与左侧的地级市常州的空间关系。二是与之相关的政区体制问题，简言之，就是江阴市未来的政区规模和相对应的行政等级问题，这是一个十分敏感的话题。

第一，合并建设"三江城市群"。江阴城市空间的拓展必然与东部相邻的张家港市建成区相连，而江阴大桥（第二卷图31-0）连接江苏省中部苏南江阴与苏中靖江也是必然趋势。其实，江阴、张家港、靖江这三座城市已经连为一体，但三座城市的分治使跨行政区的"空间约束"不断强化,极不利于"三江城市群"的自然—统筹发展。合并将有利于解决这个矛盾。

第二,提升"三江市"的行政地位。未来,江苏段长江中部将出现以江阴为核心,包括张家港和靖江在内的组合的跨江大城市——暂名"三江市",其建成区面积将达到150平方千米、城区的人口将达到150万—200万,因而有必要和具备条件升格为地级市,设立市辖区。

我以为,在江苏省委、省政府的领导下,顺应"三江城市群"发展演进的客观规律,及早谋划组建"三江市"是明智之举。早谋划、早推进、将早得益,少内耗。同时由于"三江市"的设置,加上苏南地区苏锡常和镇江四个地级市辖区的不合理划分,亟需整体性调整苏南、苏中〔苏南的苏、锡、常、镇+三江,苏中的通、泰、扬(不含省会城市南京)〕的辖区范围,实现规模适当、区划空间合理的目标。

第二卷图31-0　巍巍壮观的江阴长江大桥(2020年10月)

32. 江苏未来:强化左邻右舍的空间关系

由于地理和历史的原因,江苏省政区空间格局具有不规则的特点,东南角为大上海直辖市地盘,苏皖边界中部有安徽省天长市凸入,位于西北角的徐州市的南、西、北三面为皖豫鲁三省包围。处理好与周边省市的空间关系,加强省际协调,始终是江苏省发展的重要问题。

第一,上海从江苏析出,设立特别市→院辖市→直辖市,特别是20世纪50年代松江专区的划出,使苏南失去了部分沿海。改革开放之后,在行政区经济运行规律的作用下,愈演愈烈的省市"空间约束"现象对苏沪双方、对长三角一体化推进都不利。

第二,省会南京严重偏离江苏省的几何中心,对省域基础设施规划建设的总体格局产生重大影响,带来省域行政空间管理的不便。

第三,江苏省南北的自然和人文(特别是文化)地理的地带性差异较大,特别是经济过于集中在长江下游两岸的苏南和苏中,尤其是苏南。苏北,尤其是苏北沿海地区经济比较落后,尽管省委、省政府早就采取措施加快发展苏北,缓解地区差异,但差距依旧,并将长期存在。这是因为苏北(包括苏中)缺少一个强有力的中心城市,而徐州又过偏于西北隅。

从江苏的省情出发，我认为，未来空间战略要把握以下关键两点：

（1）树立跨省大区域合作观。着眼于长三角—长江流域、淮河流域，在大区域空间中寻找江苏的定位。一是与大上海的关系。上海作为长三角的龙头城市无可厚非，符合区域经济发展规律和现实情况；苏南和苏中是长三角的经济核心区域，长三角一体化首要的是上海与苏南、苏中的一体化。上海和江苏携手，真诚合作，做强这个核心区，以引领沪苏浙皖四省市经济社会的全面发展。二是苏北与皖北，乃至豫东的合作关系。三省共同推进淮河生态经济带的发展。此外，京杭大运河的保护、开发利用也需要加强与浙、鲁、冀三省及京津两市的通力合作，共同推进中国东部沿海水上大动脉、文化—经济风光带的建设。

（2）树立都市圈合作观。我非常认同江苏在21世纪初编制的三大都市圈规划。这是一个有远见、有创新思维、能打破省区分割的高瞻远瞩、高水平的都市圈规划。遗憾的是，在现有行政体制下推进实施的阻力很大。"苏锡常"内部是三个不合作的邻居；"南京都市圈"西扩受到安徽省的强烈阻挡；而"徐州都市圈"北上的苏鲁合作更是难上加难。我以为，江苏要从自身做起，做合作的表率，首要的是把苏锡常都市圈做好，在体制机制上创新突破，三市从省域大局、长三角大局利益考虑，推进全面合作。南京和徐州两个都市圈更要主动与周边合作，除建立必要的体制构架（共同体）外，适度让利于相对不发达地区，这样会利于促进跨省合作。长远看，对南京、徐州两个城市的发展均是有利的。

回望江苏与周边省份（特别是浙江）发展的模式和经验，从发展的体制、机制来看，江苏具有政府推进作用的优势，如能吸纳浙江自下而上的市场推进作用的优势，处理好政府与市场的关系，进一步放手发挥市场机制的作用，未来江苏经济必将更上一层楼。

从江苏自身需要看，我以为要下好三步棋：一是做强、做好省会南京，提升能级，增强南京在长江经济带乃至长江流域的地位，并处理好与邻居安徽一侧芜湖、马鞍山、滁州的合作共荣关系；二是强化"一带一路"上的重要节点城市——徐州，加大投入，扩大规模，以淮海经济区为抓手和平台，处理好与邻省山东、安徽几个城市的合作共荣关系；三是抓好沿海大通道——连云港至南通的建设与发展，依托上海，向南、向东，形成省域强大的综合性港口和交通网络。这将有助于区域经济的共融发展，缩小省域经济差异，提前实现共同富裕的目标。

（十一）浙江省

33. 地形多样、风景秀丽的省份

浙江省，简称浙，省会城市是杭州，位于长三角南翼——上海与江苏的南侧，西邻安徽、江西，南接福建，东面是浩瀚的东海。其土地面积近 10 万平方千米、总人口 6 470 万（2020 年）。与江苏一片大平原截然不同，浙江是以山丘为主的省份，森林覆盖面积较广。绿色，山青水秀是浙江地理环境的真实写照。

江浙两省同处东部沿海，海岸线都很长，但江苏是长江和黄河—淮河泥沙堆积的沙岸，而浙江是山丘直壁大海，多海岛和优良港湾。论经济，浙江是一个大省，全省的经济总量排名稳居全国第四位，民营经济强大，人均经济水平位居全国各省区之首。2019 年次于江苏位居第二，人均 GDP 为 107 624 元。如果以百姓所拥有的财富衡量（存款、住房价值、车辆、证券交易），除去北京、上海之外，浙江省均列第一。浙江是百姓最富裕且最均衡的省份，对基层社会的稳定有着十分重要的意义。

我与浙江结缘较深有几个原因：一是学生时代及留校工作后，许多野外实习、跟随老师做课题、"文化大革命"（简称"文革"）中的革命教育基地、社会调查等，大多选择浙江，特别是杭嘉湖地区、浙西山区和宁波—舟山等地。因为浙江自然地理环境及人文经济类型多样，很适合开展现场教学。二是我担任南方山区考察队第三分队队长时，浙西山区是中国科学院和国家计划委员会确定的重点考察地区之一。那时候几乎跑遍了浙西、浙南、浙东南，对浙江省域地理面貌有直观的感知。三是我退休后，2013 年 6 月执行中澳（悉尼科技大学）合作项目"中国城市化与行政区划"时，在弟子江胜利的帮助下，又对浙江城乡进行了有重点的调研。此外，还多次应邀赴省城杭州、副省级城市宁波、温州等参加会议、做学术报告等。

浙江省地形多样，山区面积占全省面积的 70% 以上，山川景色秀丽，亚热带季风区气候宜人，去过浙江的人，都会感受到它的良好生态环境（第二卷图 33-1、图 33-2）。

第二卷图 33-1　宁波市郊、上虞覆厄山千年梯田
（2013 年 6 月、2021 年 4 月）

第二卷图 33-2　浙江西南部丽水市龙泉山村（2021 年 8 月）

1983 年初，我主持地理系行政工作，带领师生对湖州地区进行国土资源调查。一天上午，我和老搭档陈永文教授登上曾是新四军根据地的天目山余脉——苏浙皖三省交界、海拔 300 米高的"界岭"时，有一个惊人的发现，至今一直刻印在脑海之中。我当时屁股坐在江苏，一只脚踩在浙江，另一只脚踩在安徽。遥观四方：右侧安徽境内，是一片毛草地，荒无人烟，只有零星分布的"老头树"马尾松；左侧的浙江境内林木葱郁，景色诱人；背后的江苏，可见稀疏的竹木。我怎么也没有想到，同一座山头，三省景观的差异如此之大！它折射的是三省对自然资源开发利用保护的不同认知，以及地方经济社会发展水平的差异。

我考察过天目山区，吴淞江上游苕溪、钱塘江上游新安江，以及甬江、瓯江、飞云江和鳌江等，到过安吉、丽水。考察队还在常山县设立山区综合治理的实验点。除了浙东南的温州地区自然环境受其密集人口破坏较大之外，总体上看，浙江的生态环境是比较好的，尤其是浙西和浙西南地区。这些地区位于大小水系上游。浙江人都明白，作为一个山区省份，林木植被保护特别重要。今日之浙江，森林覆盖面积达到 64%，仅次于多山的福建省。多年来，"河长制"在浙江的实施，进一步推进了山林绿化，使生态环境变得更好！天时、地利、人和，也许这就是浙江风景秀丽的奥妙吧（第二卷图 33-3、图 33-4）。

第二卷图 33-3　南方山区考察队三分队在浙西山区开化县开展植物资源调查（1985 年 12 月）

第四章　沪苏浙皖

第二卷图 33-4　南方山区考察队工业—矿产资源考察组在湖州地区调研留影（1990 年）

34. 民营经济推动发展的富足省份

2018 年底，新华社一篇关于浙江的报道引起了我的注意。大意是，一个"资源丰度"在全国排名倒数的资源小省（浙江），国内生产总值居然超过 5 万亿大关，成为全国的经济强省，其背后的密码是什么？

媒体给出了 5 个数据。2017 年，浙江民营经济创造了 50% 以上的税收、60% 以上的生产总值、70% 以上的外贸出口、80% 以上的就业岗位和 90% 以上的新增就业岗位。可见，民营经济是推动浙江经济发展、百姓富足的密码。1978 年，改革开放的春风吹遍浙江，温州人率先捕捉到这一机遇，以市场为导向，以工业零部件、小商品加工—销售为突破口，甩开膀子

第二卷图 34-1　为民营企业颁发营业证书

大干、苦干、实干，地方政府"放开搞活"，"自下而上""上下结合"，极大地调动了民间的积极性，促进了民营经济的发展，并很快从温州向省域蔓延。以温州为发源地的浙江模式推进省域经济全面发展，这就是浙江省"藏富于民"的奥妙（第二卷图 34-1、图 34-2）。

第二卷图 34-2　浙江召开民营经济万人大会

浙江经济"小而活",接地气,贴近民众;浙江人能吃苦,敢闯敢干,永不言败。发生在我身边的故事可以佐证。20世纪90年代初,我坐火车去新疆开会,与我同坐的一位小年轻,看上去像是高中生。我问他,什么地方人,多大了?为什么不读书,一个人远行?他说自己是温州人,不足18岁。读书没有劲,当地好多人都不想读书。他不读书干什么呢?家里给了他10万块钱,让他去西北创业,做生意。第一次去,闯荡了两个多月,被骗了。回家后,父亲没有责怪他,反而又给了他10万元,出来再干!"这一次我要吸取教训了",小年轻说得很轻松,坦然!

这件事让我感悟到一种蕴藏在温州民间的创业精神!

浙江是资源相对贫瘠的小省,特别是东南沿海的温州地区,人多地少,20世纪七八十年代我在浙东南考察时,亲眼看见山上都被开垦得光光的。在土地上做文章,没有出路!改革开放后,政策好了,温州人为生存,被迫走上自主创业之路。一大批能工巧匠、能人在逆境中奋斗、成长,从失败中一步步走向成功,成为老板。资料显示,浙江省平均每10个人就有1位老板,每29人中就有1家企业!80年代,我们走过温州的山山水水,访问和考察过许多企业,在永嘉、乐清、苍南等几乎每一个乡镇都留下我们的足迹,亲身感受了温州人的创业精神,为之感动。我想,今日浙江之强,人民之富有,靠的就是这种精神和市场的力量吧(第二卷图34-3)。

第二卷图34-3　从义乌前往浙东南温州地区途中(2013年6月)

35. 省域地理空间格局的划分与战略重心

浙江作为山地、丘陵分布十分广泛的省份,在省域内部,由于地理区位、自然地理结构、资源禀赋、经济基础、历史文化、经济社会发展的差异,各个城市的规模和经济实力差异仍较大,科学划分地理区域,对深入认识浙江省情非常重要。

唐天祐四年(907年),吴越国建立,定都杭州。强盛时的吴越统领十三州疆域,约为现今浙江省全境、江苏省苏州市、上海市和福建省福州市一带。宋初属两浙路,后分为浙东、浙西两路;元属江浙行中书省,明置浙江布政使司,清为浙江省。可见历史上,浙江省以钱塘江为界,划分为浙西和浙东两大区域。

浙江省域的综合地理区域划分主要有两个版本,即浙西、北、东、南和浙东、西、南、北、中的"四区"和"五区"之说。以文化视角看，有吴越文化（杭嘉湖）、古越文化（宁绍—舟山）、婺越文化（金华、衢州、严州）、瓯越文化（温州、台州、丽水）区。还可以按照经济地理、城市体系格局划分地理分区。我主张以现有的县级行政区划格局为基础，从城市群（都市区）角度对全省进行地理区域划分，有利于空间组织的实施和推进，对省域经济社会发展和生态保护建设有利。

浙江省的两个副省级城市（杭州、宁波）和两个区域性中心城市（温州、金华—义乌）构成四大都市区。多年前浙江省委、省政府的规划指出：四大都市区是浙江区域经济和城市化的重要形态，协同推进四大都市区建设，将积极推动浙江经济健康高速发展，加快实现浙江全面中等发达国家水平的目标。

在四大都市区规划之后不久，浙江又主推了杭州湾大湾区发展战略规划。这是四大都市区规划的升级版，既是浙江省域未来发展的空间战略重点，也是长三角一体化发展国家战略的支撑（组成部分）。

从省域空间的整体性来看，我关注的是浙西南地区的发展，衢州—丽水的定位问题，其空间走向仍需深入谋划。也许走西口、向南口，与赣东北、闽西北合作是可行之路（第二卷图35-1至图35-4）。

第二卷图35-1　浙西山区国土开发整治研究成果汇报评议会现场（1986年8月）

第二卷图 35-2　杭州湾北岸海盐县澉浦镇境内的南北湖（2009 年 5 月）

第二卷图 35-3　一个阴雨天气前往温州，途径滨海地区（2013 年 6 月）

第二卷图 35-4　温州市瓯江口（2013 年 6 月）

36. 省城杭州：从西湖时代走向大湾区时代

杭州位于长三角的南翼，是一座美丽的省会城市、世界名城，距上海 2 个小时的路程。我去杭州的机会很多，数十年来，见证了这座城市从"西湖时代"发展到"钱江时代"，并将走向"大湾区"时代的历程。

传统的杭州省城是一个"西湖城市"，建制于民国十六年（1927 年），从杭县析出城区设杭州市，为浙江省的省会，当时下辖 8 个区。1958 年 4 月撤销杭县改为杭州市郊区。1994 年，杭州升格为副省级城市，下辖 6 个市辖区。此后，近郊的萧山、余杭、富阳、临安先后撤市设区，极大地扩展了杭州的城市空间，在长三角的地位也不断攀升。杭州迅速建成"独特韵味"（中国数字经济高地、全球电子商务之都）的国际化名城。2018 年经济总量增至 12 000 亿元。

从空间格局看，杭州以主城为基础，跨江和沿江两条轴线，向东、向南发展，多核组团式布局，钱塘江新城核心区的建设，奠定了其转向钱塘江时代的基础。然而，中国南方粤港澳大湾区概念的提出，触动了杭州空间大格局的进一步思考，杭州湾大湾区的呼声鹊起。我以为，"大湾区"是一个跨越行政区域的大区域概念，要从实际情况出发，切忌盲目跟风。因为杭州湾区域的龙头当属杭州湾北岸的上海，而非杭州，还涉及江苏省的苏锡常，以及湾区南北两岸的宁波、绍兴、嘉兴、湖州、舟山等城市，亟需从长三角区域整体性的空间战略考虑，合作分工，统筹规划，协同发展（第二卷图36-1至图36-11）。

第二卷图36-1　杭州西湖美景1（2009年1月）

第二卷图36-2　杭州西湖美景2（2009年1月）

第二卷图 36-3　杭州之夜（2009 年 1 月）

第二卷图 36-4　杭州运河广场（2009 年 1 月）

第二卷图 36-5　京杭大运河的起点——杭州及留影（2009 年 1 月）

第四章　沪苏浙皖 | 085

第二卷图 36-6　杭州大运河上的拱宸桥及附近（2009 年 1 月）

第二卷图 36-7　杭州钱塘江大桥（2009 年 1 月）

第二卷图 36-8　杭州六和塔（2009 年 1 月）

第二卷图 36-9　杭州西溪湿地公园及留影（2009 年 1 月）

第二卷图 36-10　杭州钱江新城及留影（2013 年 6 月）

第二卷图 36-11　杭州花家山宾馆区景观（2012 年 5 月）

37. 宁波—舟山：世界大港

宁波是世界知名的海港城市，中国最早开放的港口城市之一，国家副省级市。

宁波是我老伴的故乡，我去过她儿时居住生活过的地方——宁波郊区的古镇宝幢。我参观学习的机会也很多，2005年5月我还随同浦东新区区委领导一起考察过重庆、宁波、天津滨海新区，在宁波留下不少身影足迹（第二卷图37-1）。我以为，思考宁波的发展，以下几个方面值得关注：

第二卷图37-1　普陀山留影

第一，正确认识宁波的地理区位和经济实力。宁波位于长三角南翼、杭州湾入海口，是副省级市，是浙江省第二个经济总量过万亿的城市，辐射长三角南翼和省域东南部和浙赣铁路沿线，宁波的经济政治地位十分重要。

第二，正确认识省域双中心城市之一的地位。省会杭州和港口城市宁波，同处杭州湾区，一头一尾，优势互补，特色发展，在全国双中心省份之中堪称楷模。未来宁波要充分发挥长三角南翼、浙江省滨海港口城市的优势，进一步做好做强海港、海湾、海洋大文章，在区域经济中发挥领头羊的作用。

第三，正确处理与两大港口之间发展的关系。一是与宁波相连的舟山这个海岛城市的港口功能关系与经济关系——这是推进宁波市进一步发展，形成强大组合优势的关键。二是与长三角龙头城市上海洋山港的关系——在国家统筹协调下，合作分工，合理发展，实现共赢。为此，需要解决好对应的体制机制问题。

我老伴的老家——宁波郊县鄞县（现鄞州区）的宝幢，是一座老旧的小镇。镇上有一条保留完好的长长的依河而筑的石板路老街，我和老伴走在老街上，不一会儿，在一个较大的弄堂口左转，右侧一幢旧时老屋出现在眼前，老伴一眼认出，这就是她儿时住过的家，顿时激动万分，儿时的点滴故事，家族邻居在她的脑海中一幕幕闪过。老屋是一座二层楼房，虽历经沧桑，但保存完好。我们在天井里注目停留。在往回走的路上居然偶遇她的一个亲戚，还能叫上大名！闲聊之中一辆老旧的三轮车经过，我感到好奇，随手拍下照片。一路上，我在思考，这个原汁原味的古镇之所以保存得这么完好，恐怕是因为被合并，被遗忘而衰落了。回到宁波，我对市委宣传部的一位领导说起了这座老镇，并提出保护性修缮的建议（第二卷图37-2至图37-8）。

第二卷图37-2　宁波港集装箱码头留影
（2001年7月）

第二卷图 37-3　原鄞县（今鄞州区）东吴镇太白山天童禅寺内的天王殿（2001年7月）

第二卷图 37-4　依托小河兴起的宝幢小镇（2001年7月）

第二卷图 37-5　宝幢——老伴儿时的家及留影（2001年7月）

第二卷图 37-6　奉化市城区未拆迁的老屋（2001 年 7 月）

第二卷图 37-7　普陀山国家重点风景名胜区及留影（2010 年 9 月）

第二卷图 37-8　普陀山国家重点风景名胜区（2010 年 9 月）

38. 绍兴：值得一看的名城

绍兴是文学大家鲁迅的故乡。我去绍兴有三次：第一次，"文革"之前，我带领工农兵大学生赴位于绍兴地区余姚县的四明山革命根据地实习，同行的有测量学教授黄永砥、地貌学教授梅安新等。我们从四明山区到钱塘江岸边，对整个绍兴地区的地理环境和空间结构进行考察，至今我仍保留着当时绘制的土地利用立体剖面图。第二次，改革开放后，我带领中国行政区划研究中心的几位同事重访绍兴、余姚和四明山区，回顾早期历史，重点对绍兴市城区及郊区绍兴县（柯桥）的乡镇工业和鲁迅故乡的文化进行调研考察，对这个区域城市发展中的市县关系有了深层次的了解，思考其未来的体制出路。第三次，应在绍兴挂职弟子的邀请，前往绍兴市及近郊参观考察，但主要是旅游性质。三次到访，有不同的目的与感受（第二卷图 38-1 至图 38-5）。

第二卷图 38-1　第二次访绍与留校弟子周克瑜在咸亨酒店合影、第三次到访与老伴合影
（1990 年、2006 年）

第二卷图 38-2　绍兴兰亭景区留影（2006 年 1 月）

第二卷图 38-3　老城仓桥直街建筑（2006 年 1 月）

第二卷图 38-4　古桥街巷留影（2006 年 1 月）

第二卷图 38-5　柯桥行政中心标志（2006 年 1 月）

39. 义乌：世界小商品贸易城

义乌市位于浙江省域中部，是国际知名的中国小商品城。每天，有来自全国各地的几十万经商大军活跃在这里，其中常驻的外商超过万名。义乌市场的年出口标箱达几十万个，送达 200 多个国家和地区，境外客商在义乌银行开设的账户多达 9 000 多个，连联合国难民署、中国外交部礼品采购处都在义乌市场建立采购中心。在这里，每周会向全球发布世界首个日用消费品批发指数——"中国义乌小商品指数"。

如此独特的城市国内仅有，世界少有！

在我眼中，义乌是个奇特的城市！我以为，第一归功于义乌的民营经济。改革开放初期，成千上万户的义乌企业 99% 为非公有制，这是义乌经济充满活力和生机的基础和原动力。第二归功于义乌市政府坚持以民为本、藏富于民的战略眼光。能做到这一点，且坚持不懈，实属不易。这表明，义乌市政府是个接地气、知民情、开放务实的政府。第三归功于义乌人的"生意经"。义乌人认同"做小生意赚大钱"的道理，也可以说，这是义乌人做生意的经营策略。在义乌，"一分钱毛利"的生意也能做，义乌人不与竞争对手打"肉搏战"，坚持同类、同品牌、同质量的商品中成本最低、价格最低，在激烈的市场竞争中不断寻求"无竞争空间"。"薄利多销""讲究诚信"、"人无我有，人有我优"，是义乌生意人成功的奥妙！此外，义乌较早普及"电子商务"，推广网上店铺等，将小商品连接到全球网络也起到了支持作用。

第四章　沪苏浙皖 | 093

我们在义乌考察了规模庞大的"小商品批发市场"、展会和国家物流中心，参观了义乌火车站。记得我当时在火车站说过一句话：义乌还是个县级市，与其经济实力有点不匹配，也不太公平！我看到的是，火车站老旧，既不能满足义乌人流、物流进出的需要，也与义乌的国际品牌、形象不相称！铁路车站的设定不能完全按行政等级规划，祈盼早日改变这种不合理的状况（第二卷图 39-1 至图 39-3）。

第二卷图 39-1　萌萌细雨中的义乌小商品城（2013 年 6 月）

第二卷图 39-2　在义乌一家饭店用餐后老伴下楼的一瞬间（2013 年 6 月）

第二卷图 39-3　义乌某家族企业内部（家族企业已成为推动村级经济发展的义乌模式。2013 年 6 月）

40. 温州龙港市：政区的改革

离开义乌，天空下着细雨，我们一行乘动车前往下一个考察地点——温州龙港市。

龙港是位于温州市鳌江南岸一座奇特的新兴城市。说它奇特，是因为它不是一个传统的建制市镇，而是在 20 世纪 70 年代末，一帮"农民"在能人带领下，自筹资金、自下而上，自建的一个市镇，是个实实在在的"农民城"。初期并未得到上级政府认可，直到 1983 年 10 月，浙江省人民政府才以浙政〔1983〕148 号文件批复，同意建立龙港镇，为苍南县的直辖镇。次年，由沿江乡的方岩村、河底高村，以及龙江乡的金钗河村、江口村、下埠村正式组建，成为合法的建制镇。

这种自下而上、没有花政府一分钱，创新的城镇化建制模式在中国绝无仅有！

我曾多次前往龙港考察，支持龙港建镇设市，我们在龙港开了专家座谈论证会，强烈呼吁建镇。建镇后，龙港经济快速发展，人口快速集聚，又达到设市条件。在专家们的强烈呼吁下地方政府从默认到支持。2018 年 10 月，国务院批转民政部新版的《行政区划管理条例》颁布，之后的 2019 年底，龙港才获批升格为县级市。

一个"农民镇"成为建制镇，又升格为县级市，主要是龙港具有四个有利的时空条件：第一，农村城镇化是鳌江南岸发展的必然。在温州模式驱动下，苍南县农村城镇化发展中，鳌江口南岸龙港地区的优越地理区位，有利于快速集聚县域产业和人口；第二，非农产业和非农人口已经达到一定规模，急需提供城镇，甚至县级市的公共服务，传统建制已经不能满足这一需求；第三，市场高度发育以及政府采取默认和不干预的政策；第四，需要有一位具有战略眼光的领头人（能人）精心谋划并动员社会力量予以支持。

我以为，龙港自下而上的建镇到设市顺理成章，符合市场经济背景下城镇化发展的规律。龙港能够推进设镇，进而升格为县级市，这是龙港人锲而不舍努力的结果，是中国设市模式的重大突破和进步（第二卷图 40-1 至图 40-5）！

第二卷图 40-1 温州港防波堤（2013 年 6 月）

第二卷图 40-2 遭遇大暴雨，在车内拍摄瓯南大桥和龙港购物中心（2013 年 6 月）

第二卷图 40-3 鳌江两岸，瓯南大桥下（2019 年）

第二卷图 40-4 龙港市貌（2019 年）

第二卷图40-5　鳌江瓯南大桥（2019年）

41. 淳安（千岛湖）考察的往事

淳安属于杭州市管辖的一个远郊县，面积为4 427平方千米，是浙江省地域面积最大的县。世人知晓的"千岛湖"（1 078个岛屿，湖区面积573平方千米）就坐落在该县，蓝天白云，天湖一色，山水秀丽，环境优美，被誉为"天下第一秀水"，拥有一流的生态环境资源和旅游资源，是国务院首批国家级风景名胜区、全国最大的森林公园（第二卷图41-1）。生态系统生产总值居全国首位（2021年）。从县城排岭坐船穿越浙皖山区，可以领略两岸秀丽的山水风光，直达世界知名的景区——黄山。

也许有人并不知晓，原来千岛湖就是20世纪60年代建成的新安江水库。库区的坝址位于邻县建德市，在夏季雨水多时，水库开闸放水，可以观看到那气势磅礴、宏伟壮观的一刻。

第二卷图41-1　千岛湖俯瞰

80年代初，我第一次踏上淳安做调查研究（第二卷图41-2、图41-3），为淳安这个历史上原本富足、淳朴的山区县，因建新安江水库被淹没变穷而感到不平，甚至在水库边访问座谈时我流泪了！1984年底，我向淳安县四套班子汇报了考察成果。我说，千岛湖（原新安江水库）是淳朴、富裕的淳安人用血和泪换来的啊！因为说了真话，赢得县四套班子的赞赏，会后把我的报告录音整理成文字，下发至各个乡镇干部学习，让我十分感动。

1987年底，上海经济区在江西省赣州召开了"上海经济区丘陵山区综合开发治理交流会"。会上我以淳安为例，揭示了山区贫困的原因，不是自然环境，而是主观的人为政策因素！引起与会许多领导的关注，并得到时任国务院农村发展研究中心主任朱厚泽的高度认同。

数十年过去了，淳安大变样了，考察的往事始终挥之不去！

第二卷图 41-2　千岛湖考察（1983年）

第二卷图 41-3　严重敏先生参加淳安县考察及留影（1983年）

42. 历史上的乌镇—青镇

乌镇位于浙江省桐乡、嘉兴、湖州及江苏省吴江两省四市的交汇处，为江浙沪的"金三角"，杭嘉湖平原腹地。京杭大运河依镇而过，拥有7 000多年文明史和1 300年建镇史，为首批中国历史文化名镇，国家5A级景区。2014年11月19日，官方在此召开首届"世界互联网大会"，乌镇成为永久会址。

乌镇是江南水乡的典范，我也出生在长江岸边一个古镇的边缘乡村，年纪大了，有一种对古镇的怀旧与渴望！我每一次去乌镇，都舍不得离开，那里的小桥流水、古街、古桥，滨河人家、风土人情让人无法忘记。在古街上溜达，在茶馆店喝茶，与人聊天，是一种平静、悠闲之乐（第二卷图42-1至图42-3）！

回顾历史，乌镇实为乌镇和青镇两个镇。两镇原以市河为界，河西为乌镇，属湖州府乌程县（今湖州市吴兴区）；河东为青镇，属嘉兴府桐乡县。新中国成立后，市河以西的乌镇划归桐乡县，统称乌镇。我对乌镇的特别关注，是基于这个镇的历史演进过程中的特殊行政区划体制。新中国成立前，乌镇和青镇分属两府两县管理，相安无事，政区分割格局没有对乌、青两镇发展带来影响；新中国成立之后"一镇两府"的区划管理矛盾重重，随予合并。如何诠释这种现象？

1995年前后，我的首位合作博士后靳润成教授在《中国方域：行政区划与地名》发表过乌镇区划体制的文章。历史时期乌、青两镇虽分属两县两府，但通过协商，合作共建共管公共设施，两镇和谐相处，共谋发展，相得益彰。在乌镇展示的当年"水龙会"就是最有说服力的例证。

第二卷图42-1　乌（镇）青（镇）水龙会（2005年6月）

第二卷图 42-2　乌镇街景与土布作坊（2005 年 6 月）

第二卷图 42-3　乌镇街景及留影（巧遇泰兴老乡，一口乡音，分外亲切。2005 年 6 月）

43. 生态·竹都：安吉

安吉建县于汉中平二年（185 年），取《诗经》"安且吉兮"之意得名。它位于湖州西部浙皖边界的天目山山区，是浙西天目山的核心区域。这里是华东师范大学地理系实习的重要基地（第二卷图 43-1 至图 43-6）。20 世纪 80 年代，浙西山区是南方山区科学考察队三分队考察的重点区域。2014 年，我参加了国家环保部的安吉生态县建设规划评审会，之后又去参加安吉美丽乡村节的活动等，对安吉县有了更全面的了解，特别是其生态环境。

第二卷图 43-1　参加中国美丽乡村节活动（2008 年 10 月）

第二卷图 43-2　安吉山区天荒坪镇的千年香榧树、藏龙百瀑（2008 年 8 月）

第二卷图 43-3　藏龙百瀑留影（2008 年 8 月）

第二卷图 43-4　黄浦江上游西苕溪源头之一的天荒坪镇的山溪（2008 年 8 月）

第二卷图 43-5　中国第一竹乡——安吉及留影（安吉为中国第一竹乡，
　　　　　　　生生不息的毛竹资源被采伐利用。2008 年 8 月）

第二卷图 43-6　安吉的中国竹子博物馆及部分精品（2008 年 8 月）

安吉为三面环山，中间凹陷，东北开口的盆地形状的典型山区县。浙北的最高峰——龙王山，海拔 1 587.4 米，就位于安吉县南端。安吉为常绿和落叶树混交林区，森林覆盖率较高，呈立体分布，上层以喜暖湿的落叶树为主，中下层以常绿或亚热带季风带阔叶乔木为多。

上海人对安吉并不陌生。发源于天目山、流经安吉县城的西苕溪由西南向东北斜贯县境，于小溪口出县，然后过长兴经湖州注入太湖，再入黄浦江。西苕溪既是黄浦江水源的源头保护地，也是浙西北与苏南、上海联系的主要水道。我无数次亲眼看见上海建筑需求的大量砂石就是通过西苕溪运来的。

2018 年安吉县收获了三大荣誉：全国绿色发展百强县市；第二批国家生态文明建设示范市县和"国家气候标志""气候生态县"称号；"国家森林城市"荣誉称号。绿水青山，

第四章　沪苏浙皖 | 103

大美安吉，当之无愧！

我对安吉之感受主要有三点：第一，生物多样性丰富，具有保护完好的生态环境；第二，美丽乡村建设中安吉县成为全国的样板；第三，安吉丰富的毛竹资源的开发利用，多样的竹制品、颇具规模的"竹博园"，给我留下极为深刻的印象。安吉四季多变的景色，特别是山区的氧吧，非常宜居、宜游、宜养老，确实是长三角旅游的好去处。

44. 桐庐·义乌乡村行

浙江是我国美丽乡村最多、建设最有成效的省份。早在 2003 年，桐庐就以"千村示范、万村整治"工程为主抓手，坚持"绿水青山就是金山银山"的理念，积极推进美丽乡村建设，涌现出一批具有特色的美丽乡村。

2013 年 6 月，我陪同澳大利亚的专家访问了桐庐、义乌，对浙江省的乡村振兴又有了更深的认识（第二卷图 44-1 至图 44-7）。

第一天，我们参观了位于桐庐市中心东侧的荻浦村，该村始建于南宋，距今已有近千年的历史。村落古朴，随地形、河沟自然错落分布。村内有保存完好的宋代水井、明代水系，以及明清时期的石坊、祠堂、庵庙、古民居，池塘，古树，古村落，原貌依旧。村委会十分重视治理村里的河沟、池塘改造，投资治理，农户普遍用上了太阳能；还十分重视传统文化的传承，打造孝义、古戏曲、古造纸及古树文化。村民们都有较好的保护意识。村里的养老服务、食堂给我留下印象。中午，我们在位于富春江畔、堪称全国第一美丽的县城——桐庐县城吃了一餐美味实惠的山区农家菜！

第二卷图 44-1　家族宗祠·古屋·老井（2013 年 6 月）

第二卷图 44-2　荻浦村古树（2013 年 6 月）

第二卷图 44-3　荻浦村受保护的老屋（2013 年 6 月）

第二卷图 44-4　与高寿的老干部、军人合影等（2013 年 6 月）

第二卷图 44-5　新农村建设典型——桐庐县富春江镇茆坪村（2013 年 6 月）

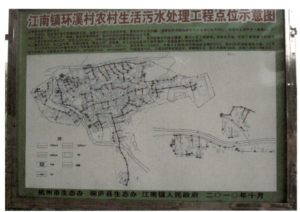

第二卷图 44-6　参观生态文化村典型——桐庐县江南镇环溪村 1（2013 年 6 月）

第四章　沪苏浙皖 | 107

第二卷图 44-7　参观生态文化村典型——桐庐县江南镇环溪村 2（2013 年 6 月）

第二天，我们来到位于义乌市城西街道西北部的何斯路村进行考察。村内以何姓为主，村庄内有长堰湖、圣寿禅寺、陈望道故居等人文和自然景观。这个原本位于丘陵地区的穷山村，经过多年的打造，变为浙江乃至全国知名的富裕山村。

何斯路村的特色产业是以薰衣草为主要作物的生态农业，大棚培育成活的薰衣草苗木达 60 余万株，建有 120 亩薰衣草主题花园，拥有以薰衣草为原料的商品近 30 个，被称为"东方普罗旺斯"的特色花谷，旅游人次每年达几十万，来自数十个国家（第二卷图 44-8）。

第二卷图 44-8　何斯路村薰衣草种植基地（2013 年 6 月）

在参观过程中，我不断与陪同的何允辉村长交谈，发现这位村长很不简单，阔论天下大事，颇有哲理。他对农村发展的渴望、追求和未来山村的理想深深打动了我。

他出生于 1965 年，高中毕业之后，开始创业经商。他的理想是尽自己的力量使家乡变富。2008 年，他回村当上了村主任，第一任民选以 51% 当选，干了三年。第二次选举，以 86% 的选票连任。他上任后，何斯路村由一个负债 30 多万的穷乡村变为富裕美丽的山村。

离开何斯路村，我在思索，何斯路村发展的决定性因素是有一位能干、敢干、善干的好村长！我与何村长交上了朋友。6 月 16 日，何村长给我发了一封邮件：

刘教授您好！我是何允辉。很有缘能在义乌何斯路村结识您这样的智者。我虽然读书不多，但几十年商海拼搏，也懂得许多自然法则。2008 年开始我只做一件事，就是改变何斯路村。改变它的贫穷落后，改变它的道德人伦。几年来略有收获。希望在未来的时光，您能多多关注何斯路。谢谢！

我当日的回复：

何村长：您好！

很高兴收到您的邮件，我们昨天回到上海了。在浙江的考察收获很大，印象最深的是您领导改变何斯路村的真实事迹；是您令我感动、值得学习的真实的个性和人格。如果时光倒流 30 年，也许我会加入您的团队一起拼搏，努力改变乡村面貌，探索一条中国式乡村道路；如果我是作家，一定会写一本纪实的小说。我会记住您，适当的时机我会再进何斯路村，在那里住上十天半个月，在美丽的山村休闲养生，和您交流人生感悟。

期盼何斯路村有更大发展，希望你保重身体。

刘君德　6 月 16 日

多少年过去了，何允辉村长的形象始终在我脑海中回荡！如今他是村书记兼村主任，依然奋斗在何斯路村这个已经出名的山村。

45. 空间走向：双核推进，重点向北，顾及南东

浙江省的城市和经济空间格局已经确立杭州和宁波为"双核"中心，未来必然引领浙江省走向全面发展的新时代。如何将大湾区的战略构思与长三角一体化战略实行"无缝对接"，这是浙江省未来空间走向首要需考虑的问题。

由此，浙江省域空间战略的重点必然在北部，要将北部的杭嘉湖（杭州、嘉兴、湖州，第一卷图 45-1）和宁绍舟（宁波、绍兴、舟山）作为一个整体进行统一谋划，从国家层面、长三角发展高度谋划发展，关键是充分发挥北部"双核"产业的经济实力和地理空间区位优势，比如杭州的省城综合优势和高科技产业、互联网产业、金融产业，宁波—舟山的港口—海洋优势，形成自己的特色。

从省域全局来看，南部、东南部是相对薄弱的区域，必须予以关注。

如何关注？同样需要统筹谋划。要将体制优势与产业优势及地理空间特色结合起来，进一步培育、发展、壮大金华—义乌和温州两个区域性中心城市和城市群，增强集聚和辐射能力。浙南山区要更加重视生态保护，与浙西山区（第一卷图 45-2）共同形成浙江省域林木竹—休闲旅游新基地，做强绿色的金山银山，为全省生态建设做更大贡献。

浙东南以温州为中心、台州为次中心，在继续发挥体制优势的同时，进一步加强政府

的主导作用、加强规划功能，建设高水平的产业集群；加强科技投入，增强国际竞争力。切实做好滨海丘陵地区的生态环境建设。还要进一步完善交通环境，特别是改善与赣东北、闽北地区的通达性，扩大腹地范围。

第二卷图 45-1　浙北的湖州市石岭山庄、嘉兴市乌镇一角（2005 年 6 月）

第二卷图 45-2　浙西山村部分百姓的宗教信仰建筑、景观（2008 年 10 月）

（十二）安徽省

46. 农业·能源·旅游·科技优势

安徽在清康熙六年（1667年）以江南左布政使司设省，取安庆府和徽州府首字为省名，简称皖，省会城市是合肥。全省东与江苏省的省界长达570千米，北、西、南分别与山东、河南、湖北、江西、浙江5个省搭界，其面积为14万平方千米、总人口6 100万（2020年），是华东地区的大省。

安徽与江苏同属长江、淮河流域，南北自然地理特点相近。安徽由南向北分别为皖南、皖中、皖北。作为江苏"邻居"，我前往考察、参加会议的机会较多。20世纪八九十年代，皖南山区是中国科学院南方山区考察队三分队重点考察的范围，几乎跑遍了那里的山山水水。2019年的5月，我专程前往淮南、蚌埠和淮河流域五条河会合的五河县进行了考察，增强了对皖北的感性认识，2020年疫情期间，我从天津返回上海，途经淮北平原（第二卷图46-1至图46-3）。

第二卷图46-1　从江苏省宿迁穿过苏皖省界进入安徽省（2019年5月）

第二卷图46-2　五河县沱河畔长势良好的成片小麦基地（2019年5月）

第二卷图46-3　疫情期间，我从天津返回上海，途经淮北平原（2020年10月）

与江苏、浙江相比，安徽的经济发展相对滞后。1978年安徽的GDP为113.96亿元，位于全国第13位，与浙江相差无几，排名只低一位；2018年，浙江上升到第四位，经济总量是安徽的1.87倍！安徽排名依旧。1978年，安徽GDP是江苏的46%，2018年降为32.4%。人口平均与江浙两省的差距更大，可见，安徽是长三角三省一市的经济弱省。安徽省陆上的资源丰度要高于江浙两省，其经济落差除了历史的和地理区位的因素之外，我以为与新中国成立之后省会城市选择的失误有关联。虽然合肥位于安徽省域的几何中心，但无经济基础，特别是交通不便，相当长时间内铁路几乎都是断头路。安徽省仅有的财力长期用于省会建设，地方政府无力投入基础设施、教育等公共服务设施建设，环境改善缓慢，人才、劳动力大量外流，安徽的落伍成为必然。

安徽现实的经济优势，主要还是农业和淮北的资源开采业——煤炭，以及发展中的皖南旅游业。此外，就是以省会合肥为中心的科创产业和家电制造业。

第一，农业。农业是安徽的重头戏，我每一次乘坐火车、高铁北行，途经皖中、皖北大地时，望车厢两侧，一望无际的农田尽收眼底。淮北大平原在淮河得以根治之后，成为国家重要的粮仓。春季，窗外一片片绿油油的麦田、玉米地，对于农村长大的人有一种亲切感；秋天，窗外黄黄的一大片，会感受到"又是一个丰收年"的喜悦！2019年5月，我们的车行驶在淮北大地，一路上居然看不到几个人，甚至找不到吃午饭的地方，原来男女老少都下地收割油菜了！真是地道的乡村景象！安徽拥有5 000多万农业人口，6 200万亩耕地，又是全国农村改革的发源地，是中国为数不多、典型的传统农业大省。

第二，煤炭和旅游。安徽是华东地区煤炭资源和产量大省，主要分布于皖北。淮北市是重点产区。2018年上半年，安徽的煤炭产量位于全国第7位，产量达5 789.4万吨，是全国重要的煤炭输出省之一，在华东地区仅次于山东而居第二，满足了沿海经济发达地区对能源的部分需要。此外，安徽拥有1处世界文化与自然双重遗产，2处世界文化遗产，2处世界地质公园，5座国家历史文化名城（歙县、寿县、亳州、安庆、绩溪），还有多处国家级自然保护区、湿地公园、重点风景名胜区，各类公园，以及多处文物保护单位，旅游业在国内外有相当的实力和影响力。黄山旅游业是皖南经济的重头戏。

第三，科技。以中国科学技术大学为代表和核心的科技、人才，是安徽省科创和新兴产业发展的源头和基地，在新时代有进一步发展的潜力。

我以为，从长三角整体看安徽，其发展潜力和优势中最重要的是广袤的土地和庞大的人口劳动力资源。土地和劳动力是生产力发展最主要的要素，一旦外出打工的数以千万计的人口大量回归，就会迅速成为安徽发展的强大动力和生产力。

47. 江淮大川分割皖北·皖中·皖南

2003年10月，我应邀参加了国家环保部（2018年更名为生态环境部）主持、在人民大会堂举办的"安徽省生态建设总体规划纲要"论证会，在会上对安徽全省自然地理面貌、特征、要素做了一个概括，评述了规划内容，形象地勾画了安徽省域的空间基本格局特点，指出省会选择合肥对全省经济发展的影响。我的发言得到当时安徽省委、省政府领导和院士们的高度认可，安徽日报转载了我的发言摘要。

和江苏相似，安徽以长江、淮河为界，分皖北、皖中和皖南三大地理区域，差异较大。

一是皖北（第二卷图47-1、图47-2）。它是安徽省北部的简称，一望平川，为淮北大平原主体部分和中国南北地理分界线之一。包括宿州、淮北、蚌埠、阜阳、淮南、亳州6个省辖市。历史上淮河年年受灾，百姓生活苦难；当今，因交通、地理区位等因素，仍是安徽省经济欠发达地区。

第二卷图47-1　皖北地区中心城市——蚌埠市的行政中心（2002年7月）

第二卷图47-2　皖北凤阳市的明皇陵及留影（凤阳市由蚌埠市代管。2002年7月）

二是皖中（第二卷图47-3）。它是安徽省中部的简称，大别山区横亘于其西部，行政区划上由省会合肥和六安、滁州、安庆4个市组成，省域最大的湖泊——巢湖位居其中部。以合肥为中心，包括滁州、安庆、六安市在内的地区是皖江经济带的核心支撑，也是省内重点建设的经济核心区域，区域内大别山区的经济发展滞后。

第二卷图47-3　皖中合肥市包公祠公园留影（1996年12月）

三是皖南（第二卷图47-4、图47-5）。它是安徽省南部的简称，由皖南山区和皖南沿江平原组成，九华山、黄山位于其间。行政区划上包括黄山、芜湖、马鞍山、铜陵、宣城、池州6个市，旅游、茶果林木有名。明清时代徽商遍天下，经济繁荣，城镇发达。

第二卷图47-4　皖南徽州地区（今黄山市）的黄山雄峰及留影（2004年6月）

第二卷图 47-5　皖南旌德县江村调查及留影（2004 年 6 月）

安徽南北地理环境和经济基础的差异，对省域空间发展战略和城镇体系格局的形成影响较大，需要因地制宜，科学规划区域发展的定位。除南北差异之外，省域东西受交通环境和沪苏经济辐射的梯度影响，发展的水平差异也很明显。临近江苏的滁州、马鞍山、芜湖的经济基础较好，发展较快，西部山区和边缘地区比较缓慢。

48. 合肥：省会城市之变

在中国的省会城市之中，我对合肥情有独钟（第二卷图 48-1）。

第二卷图 48-1　"安徽省合肥市发展战略规划研究"项目组成员合影（1996 年 12 月）

原因是，20世纪八九十年代，我们在皖南山区考察时，与省会合肥的同志打交道较多，特别是省计划委员会（简称省计委）、国土规划等部门，学术讨论，省级至地区、大区域的国土规划评审，乃至承接课题几乎没有间断。"行政区经济"思想的最初公开表述就出自合肥和宣城。但21世纪以来，与合肥、宣城的联系渐渐少了。

合肥，昔日的印象是环境优美，城区不大，规划不错，布局合理，适宜科技类产业发展和居住生活。但早期这座城市交通严重不便，铁路线断头，进出不便，因而人流很少。2019年5月，我专程前往合肥（第二卷图48-2），惊奇地发现，合肥变了，变大了，长高了！我的直觉是，合肥可能是新中国所有省会城市中变化最大、发展最快的城市之一！

我对合肥的关注点是省会的确立与选址、省会与省域的关系、城市发展的空间走向问题。

关于省会的选址问题，相关历史档案提供了资料。新中国成立初期，和江苏类似，基于当时的革命形势，以长江为界，分为皖南、皖北两个行署进行管辖，并分别在芜湖和合肥设立行署驻地。1952年8月，皖南与皖北合并，设立安徽省，驻地合肥。一度引起各界

第二卷图 48-2　合肥包公祠公园（2019 年 5 月）

议论、分歧较大，不少有识之士及业内人士都主张省会设在芜湖，理由是合肥规模太小，交通不便，缺少基础。这种争论一直延续到 1958 年！

为此，毛泽东 1958 年 9 月给中共安徽省委书记曾希圣去信，信中说："合肥不错，为皖之中。是否要搬芜湖呢？从长考虑，比较适宜，以为如何？毛泽东，一九五八年九月十六日"（第二卷图 48-3）。

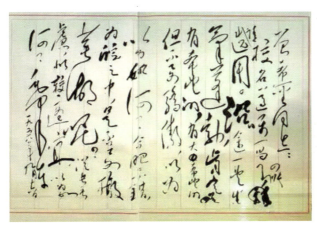 

第二卷图 48-3　毛泽东书信

毛泽东的这封信，让省会搬迁至芜湖的议论自此终止，也解开了确立合肥作为安徽省会城市之谜。2003 年的北京生态省评议会上，我之所以发表不同见解，主要是分析当今安徽省经济落后的原因，认为安徽省利用行政手段，数十年来将有限的财力集中投资、建设省会合肥，似乎违背了城市—区域发展的客观规律，拉大了省会与各地区经济水平的差异，延缓了安徽全局的发展。

当然，合肥作为省域的几何中心，从长远来看，特别是在规划为国家级铁路交通枢纽之后，其发展将走会上快车道！省会与省域的关系将更紧密，合肥的凝聚力、辐射力也将大大增强。

安徽作为一个面积和人口大省，未来省会合肥的空间规模扩张是必然趋势，其空间走向向南、向东发展符合城市—区域发展规律，有利于做强皖江经济带，推进省域经济发展。

49. 马鞍山·天长：安徽的排头兵，南京的后花园

马鞍山市和属于滁州的天长市都位于安徽与江苏交界处，为南京都市圈规划、融合的城市，分别为地级市、县级市，经济较发达，可以称得上是"安徽的排头兵"了！

马鞍山市位于长江南岸，距南京南站只需17分钟的高铁路程，我路过无数次，但从没有看到过省界。2001年起，马鞍山正式成为南京都市圈的重要成员，近20年过去了，如今马鞍山人去南京如同进城"过节"；同样，有许多在南京工作的人，在马鞍山买房"过日子"。

我的外甥在宝钢集团的马鞍山工作，大妹妹一家从山西大同煤矿退休之后也生活在那里；我的同学在马鞍山当涂教了一辈子书，他们几乎都成了南京都市圈的人，在南京"过日子"。马鞍山市的丹阳镇，一个街道被一分为二，这边是马鞍山，另一头就是南京。两个位于省域边界的城市浑然一体，几乎难以辨别。马鞍山与南京两个城市已经被同城化了！这种融合为当地百姓带来了实实在在的"实惠"！苏皖省界对这两个城市来说似乎未构成障碍。

今日之马鞍山成了南京的后花园，它"就像块'磁铁'一样吸引我们"！其良好的投资环境、政务、服务环境，对南京、对江苏有很大诱惑力，是一片投资热土，并已经升至安徽"老三"（合肥、芜湖、马鞍山），充当着"排头兵"的角色！

天长市是安徽省经济最发达的县级市之一，位于南京长江北岸，与南京的六合区相邻，一直属于安徽。新中国成立初期安徽在洪泽湖边的2个县（泗洪、盱眙）交换给了江苏，导致如今的天长市除西面与安徽的来安县接壤之外，其余三面为江苏省的5个县市区包围。由于它与江苏省的省会南京市毗邻，而与安徽省域中心偏离，改革开放以来这个城市放开手脚，经济奇速发展，成为"安徽东大门"。

2019年5月（第二卷图49-1至图49-4）我从合肥返回上海时，路过滁州及所属的天长，下车观察思考。走进天长市中心，我简直很难相信这是在安徽省版图，东部沿海的城市也很少有如此的气派！

在天长郊区，沿公路两侧分布着一排排整齐的厂房，其中有许多科技含量较高的中外合资企业（特别是中德企业）。车很快进入江苏南京、扬州地盘，丝毫没有感觉到苏皖边界两侧的差异！难怪天长市的城市定位，不仅是安徽省"四化同步"发展的先行示范区，滁州市沿江经济带副核心城市，更是南京都市圈省际融合发展试验区，长三角休闲度假旅游基地和优质农产品供应基地，还是承接东部产业和资本转移的先进制造业基地。多年来，天长市的经济总量一直稳居安徽省各县第一。在马鞍山—天长，感觉不到"行政区经济"边界的存在。

第二卷图49-1　滁州市市政府（2019年5月）

第二卷图 49-2　滁州博物馆·美术馆（2019 年 5 月）

第二卷图 49-3　发展中的天长市市政府（2019 年 5 月）

第二卷图 49-4　安徽进入江苏的省界（路面铺设的柏油深浅颜色差异。2019 年 5 月）

50. 从五河看皖北

五河是安徽省蚌埠市管辖的一个县，地处淮河中下游，东与江苏省泗洪县相邻。因县境内有淮、浍、漴、潼、沱五水汇聚而得名。唐朝名为古虹，宋朝始称五河。境内曾出土全国最完整的淮河古菱齿象化石，其年代为距今约六七万年前的晚更新世。

我对五河县有兴趣：一是因为当年严重敏先生带领我们去淮南煤矿参观时，去过蚌埠的沱河集村，想再去看看；二是因为五河位于淮河北侧，观五河大致可以识淮北大地。

网上搜索"沱河"，它属于五河县东刘集镇，距县城有二三十千米！我们在考察苏北淮安市之后，一大清早穿苏皖省界，直奔五河。一路上，几乎没有看到车辆，不由感叹，皖北与苏北的差距如此之大啊！

2019 年 5 月，上午 10 点多赶到五河县城（第二卷图 50-1），我们累了，于是在一座大桥旁下车休息，我在桥的四周拍照（第二卷图 50-2、图 50-3）。此时，在一个公共厕所旁遇见一位老人，我们聊了起来（第二卷图 50-4）。原来，这位 74 岁的李姓老人退休之后是这个厕所的管理员，我问了他五河县城和沱河村的许多问题。

第二卷图 50-1　五河县城政府机关（2019 年 5 月）

他说，五河县城是淮、浍、漴、潼、沱汇合之地，过去很小，只有几千人，他的家就在漴河边一棵大树旁，新中国成立前常常受灾！1954 年淮河发大水，家里淹没到齐胸高！他又说，自从毛主席发出"一定要把淮河修好"的号召，上游建了佛子岭水库之后，就不再发大水了！五河县的老百姓也太平了！

在李大爷的热情邀请之下，我们参观了他管理的厕所，干净，相当豪华，没有想到的是，厕所里居然还设立了一个书房！在皖北一个普通的县城居然有如此高档温馨的厕所，显现这个县的领导为改善县城环境，提升形象，动足了脑筋，下了大血本。这座具有历史文脉和特色的老城、老街，正在大力整治，位于老城河边的顺河街已经被列为安徽省历史文化名街！李大爷说，在五河城里居住的人口已经超过 20 万了！

第二卷图 50-2　规划建设中的五河县县城的漴河观光带（2019 年 5 月）

第二卷图 50-3　精心管理的县城公共厕所及留影（2019 年 5 月）

第二卷图50-4　五河县沱河村与沱河渡口（2019年5月）

时已中午，我们没有来得及吃午饭，立即赶路寻找东刘集镇的沱河集。乡村小道路况不好，车速缓慢，一路上没有看到人家，连东刘集镇上的超市也关门停业了。哦，正值农忙季节，大家都下地收油菜籽了！我们的车七拐八拐之后，终于到达沱河集村。我兴奋不已！在村上问了几个小学生，车子直接开到沱河边。正见一辆摆渡船从对岸摆渡了一辆白色轿车缓缓驶来，周围农户不多，一大片麦浪，绿色，高约4—5米的沱河大堤弯弯曲曲伸向远方（第二卷图50-5）！2019年10月，友人提供了五河县近郊乡村美景一张，弥补了不足（第二卷图50-5）。

第二卷图50-5　五河县近郊乡村美景（2019年10月）

我有点怀疑，这是60年前来过的沱河村吗？说它是，整个五河县只有这个沱河村的村名，它就位于沱河边，想当年一定经常泛滥受灾，高高的大堤就是证据！说它不是，好像沱河村离开蚌埠没有这么远啊？带着疑虑，饿着肚子，继续驱车向下一站淮南市方向驶去！

51. 淮南：下矿井的记忆

位于安徽中部、淮河南岸的淮南，是个衰老的煤矿城市。最早了解淮南，是在20世纪50年代，那时候我还是华东师范大学地理系的高年级学生，严重敏教授在为我们讲授中国经济地理课程时，介绍了淮南煤矿。在强调理论联系实际、推进现场教学的背景下，严老师带领我们一批学子来到淮南田家庵九龙岗矿区进行工业地理实习。

淮南煤矿是个老矿，地质情况复杂，设备老旧，我们全班几十号人带上矿帽，穿上矿服，在煤矿技术人员的带领下，下到数百米深的坑道，进入采矿层，观看一线采煤工人采煤。我们亲眼看见矿工们用腰顶着水枪，依靠水的冲力把一块块煤炭开采下来，然后通过竖井或斜井把开采的煤炭输送到地面，再由一列列的火车运往城市、港口。返回地面，我们聆听着技术员和矿长给我们讲解淮南煤矿的辛酸历史。

当我回忆起在井下的那一刻，矿工们采矿时艰苦、危险的场景，始终挥之不去！这堂生动的现场教学，传授给我们的不仅是煤炭开采、运输的专业知识，不仅是对淮南煤矿在国家，尤其是在华东能源供给中的重要战略意义的认识，更是一堂活生生的爱国主义思想和艰苦奋斗精神的教育课！

数十年过去了，我很想再看看这个老矿井的新貌。2019年5月，我们离开五河县之后，经过长途的驱车，下午终于到达淮南市的田家庵，得知九龙岗老矿早已关闭。赶往现场，一番折腾，寻找当时的九龙岗矿指挥部、技工学校，最后终于找到了保存的九龙岗矿井（第二卷图51-1至图51-6）。

在矿井旁边，至今仍保留有当年的矿工住宅，我访问了一位退休多年的卢姓老矿工。他不太情愿地给我介绍了大致情况。他说：

九龙岗矿在日本人时期就已经开发，后来来了国民党，再后来是共产党。那时候一天的开采量要达到几十万，甚至上百万吨！一列列火车源源不断从这里拉走。20多年前它就已经报废关闭了，技术人员和矿工全部调入淮北煤矿。我来自湖南，64岁，老矿工有不少都来自湖南，我的退休金3 000多元，够了！

九龙岗矿区目前已被封闭，不让参观，准备恢复老矿情景，开发旅游。

此时已经下午5点，看着破烂的九龙岗街道，不舍地离去。在赶赴合肥的高速公路上，我在思索着九龙岗的现状，似乎想说些什么，又不想说……

第二卷图51-1　访问下棋的老矿工（2019年5月）

第二卷图51-2　保留的矿区旧屋（2019年5月）

第二卷图 51-3　九龙岗矿退休老矿工介绍矿井工作生活的往事（2019 年 5 月）

第二卷图 51-4　保存的九龙岗矿办公楼和镇政府（2019 年 5 月）

第二卷图 51-5　老矿工，新住区（2019 年 5 月）

第二卷图 51-6　九龙岗矿区火车站和拖拉机装运的矿区石料（2019 年 5 月）

52. 皖南山区的考察发现

皖南是华东师范大学地理、生物等专业组建的中国科学院南方山区考察队第三分队考察的第一站。1984 年 10 月至 1985 年 1 月，历时 4 个月，成果丰硕。1985 年 10 月，在屯溪召开的"皖南山区综合科学考察成果汇报评议会"，通过了专家评议。

皖南地区的山山水水及城市、乡村留下了我们的大量足迹和影像（第二卷图 52-1 至图 52-7），内容涉及自然资源（生物、水、土、环境生态）、人文、经济（厂矿企业、港口、城市、乡村居民点、农田）、基础设施等方方面面。考察中，我们收集文字图件资料，听取县市、乡镇的公务员、领导介绍、座谈，访问民众，获取了大量第一手科学材料。主持整理并出版了专著《安徽省南部丘陵山区国土开发与整治研究》（华东师范大学出版社，1987年）。许多研究成果被纳入安徽省国土规划和国民经济发展计划之中。

第二卷图 52-1　20 世纪 80 年代绩溪的"大字报"田（1984 年）

第二卷图 52-2　20 世纪 80 年代歙县的农业（1984 年）

第二卷图 52-3　皖南青弋江泾县段、周边巢湖县槐林镇水库留影（1984 年、2004 年）

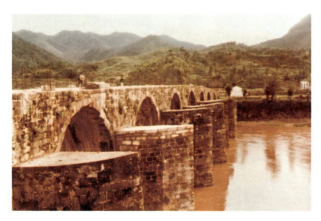

第二卷图 52-4　新安江上游歙县境内的古桥、拦河坝下的渔民（1984 年）

第二卷图 52-5 20 世纪 80 年代的池州港客运站和码头（1984 年）

第二卷图 52-6 东至县棉纺厂、屯溪缫丝厂（1984 年）

第二卷图 52-7 皖南山区艺人及文化作品（1984 年）

第四章 沪苏浙皖 | 127

皖南山区考察，我们三分队有两大重要贡献：一是发现钱塘江上游新安江水系的黄山周边，特别是歙县、绩溪、旌德，以及长江支流青弋江、水阳江上游的宣城、宁国、广德等县，存在严重的水土流失状况，探明其水土流失的地理原因，强调人为的方针政策失误是水土流失导致山区贫困的主要原因，提出了科学对策，引起安徽省国土规划部门的高度重视和采纳；二是在池州地区考察中发现盲目的行政区划调整（撤销池州地区，将其所属四县分别瓜分至江北安庆、芜湖、徽州地区）对地方经济、政治、社会、文化产生的严重影响，并为此上书中央，反映情况，得到及时纠正，在较短时间内恢复池州建制，并实行市管县体制，避免了更大损失❶。

这也是我在结束南方山区考察任务之后，决心开拓"行政区划"这个地理学科新兴领域的理论与实证研究的重要原因，它开启了我的地理人生的新征程。

上述照片反映的是数十年前皖南局部山区自然、山村、农田，交通、文化以及地方工业的真实状态。如今的皖南，自然和人文空间形态已经脱胎换骨！

对照这些照片，再赴皖南山区、城乡走走看看，你会发现挂在山坡的"大字报"田不见了，穿着打补丁衣服种田的农民也消失了，山间盆地的农作物和耕作方式变了，河道被整治好了，港口通道顺畅了，老旧桥梁被新的大桥替代了，一批旧式民居保留了，兴建的住宅更多了，山区的交通顺畅了，通高铁了，网络全覆盖了！人们脸上的笑容多了……

今日之皖南已经建成国内外知名的文化旅游胜地，黄山—九华山的自然风光、屯溪老街、歙县老城、黟县古村落等一大批独特的人文景观、世界文化遗产吸引着无数的游客。皖南山区越来越美，越来越好！

53. 皖南地区的区划地名问题

在池州行政区划问题得到纠正、南方山区考察任务完成之后，1985年我们又对整个皖南的区划问题进行了专题调研，写出长达2万字的调研报告，发现和梳理了整个皖南地区行政区划存在的问题，从历史、现实和发展的角度详细进行了剖析，按照皖南西部、南部和东部三大地理板块，提出了区划调整改革的设想❷，重点是南部板块的徽州地区。

1987年11月，国务院批准撤销了徽州地区，设立地级黄山市；撤销宣城县，设立县级宣州市，并同时设立了宣城地区，将原属徽州地区的绩溪县划属宣城地区。2000年6月，撤销了县级宣州市，设立地级宣城市；2000年12月，批准撤县级宣州市设宣州区。

就我个人的观点来看，有两个问题可以讨论。

第一，黄山市的专名问题。专名过多地考虑了商业因素，严重忽略了传统的历史文化因素，导致"黄山"地名的错用、滥用。

徽州建置于宋徽宗宣和三年（1121年），下辖歙县、休宁、婺源、绩溪、祁门、黟县6县。直到清宣统三年（1911年）的790年间，作为州府名，徽州的辖域范围和这一名称始终没有变更。徽州地名及其政区格局已经深入国人之骨髓，历史认同，现实认同，文人认

---

❶ 池州作为区域性行政建制已经有数百年历史，中华人民共和国成立之后，时有撤并。1980年归属安庆地区，1988年复置池州地区，驻地贵池市，2000年推行市管县体制，池州地区改为池州市，同时改贵池为贵池区，属于池州市。

❷ 参见刘君德的《我的地理人生2：山区·政区·社区研究文集》第342-354页，东南大学出版社，2020年。

同，百姓认同啊！应当指出的是，区划调整之后出现了三个"黄山"专名（黄山市、黄山区和黄山）的重复现象！

徽州地区区划调整30多年来，许多有识之士、名人、学者，以及人大、政协高层的领导持续关注，并提出积极建议、意见、提案始终没有间断，但都石沉大海！

第二，绩溪的归属问题。历史上，绩溪一直归属徽州管辖，更何况绩溪属于新安江水系，与屯溪水脉相连，人文相通，划给宣城违反了山区区划调整中的"流域同（统）一性"原则。

政区地名是一个城市和地区地域文化的标识。改革开放以来，在经济社会发展、政区调整改革过程中，少数地方为吸引人流、商机，舍去传统、特色文化的专名，片面追求地名的"商业"性、"时代感"，求"大"、求"洋"，使一些地名失去固有的文化内涵和方位指向，造成专名的混乱，也给社会带来不便，我以为此风不可长（第二卷图53-1至图53-6）。

第二卷图 53-1　歙县牌坊群（1984年）

第二卷图 53-2　歙县牌坊群、昔时的九华山（1984年）

第二卷图 53-3　古朴的村巷，肩挑木轮车时代的皖南（无不体现皖南的乡村文化。1984 年）

第二卷图 53-4　20 世纪 80 年代中期九华山的寺庙（1984 年）

第二卷图 53-5　弟子们登上山顶"巨石"留影、九华山通向黄山的太平湖大桥（1984 年）

第二卷图 53-6　九华山地区的山区景观

54. 从皖南水土流失到安徽生态省规划

20 世纪八九十年代，水土流失是我们考察皖南山区的重点灾害之一。那时候，改革开放时间不长，皖南山区还非常贫穷，人多田少，"大跃进"时期的天灾人祸，山区农民被逼上山砍伐山林、果茶，大搞开荒种粮，解决温饱问题。森林被大面积的砍伐，导致严重的水土流失，花岗岩基岩山区的水土流失尤为严重！我在黄山地区考察过程中，拍摄的大量照片就是见证（第二卷图 54-1 至图 54-5）。今天看来，这些照片可以说是历史的教科书。

第二卷图 54-1　绩溪县茯苓乡花岗岩地区严重的水土流失（1984 年）

第四章　沪苏浙皖 | 131

第二卷图 54-2　泾县和歙县的退耕还林（1984年）

第二卷图 54-3　我（最左）在屯溪汇报皖南地区考察成果（1984年）

第二卷图 54-4　恩师严重敏先生和程潞先生、考察队领导、评议专家和领导（1984年）

第二卷图 54-5　铜陵、滁州地区等国土规划评审留影（1991 年 11 月、1992 年 9 月）

记得 1985 年 10 月，我在屯溪召开的考察成果汇报评议会上报告，展示了这些照片，引起与会省内政府官员和专家的强烈反响和高度关注。会后，在我的带领下，与会代表前往绩溪现场考察，震惊了省内的不少干部，甚至说我们在省里工作多年，没有想象到皖南山区（特别是绩溪县）的水土流失严重到如此程度！

针对皖南山区严重的水土流失，考察队提出了生物措施与工程措施并重，以生物措施为主的建议得到采纳。2003 年 10 月，我参加了在人民大会堂举办的"安徽省生态建设总体规划纲要"论证会，听到经过两代人的努力，省域生态环境的巨大改变和美好的生态规划前景，十分感慨。今日之皖南山区，大多茶果满山，青山绿水，生态环境得到根本性好转，山区百姓的生活得到极大改善，作为一位年过 80 的老人，一位当年皖南山区水土流失的见证者，十分欣慰！

55. 安徽省发展战略的思考

安徽是江苏省、浙江省的邻居，虽然以省会合肥为中心的皖江经济带正在有序推进，但整体发展相对滞后。我始终认为，安徽省有着巨大的发展潜力，广阔的土地空间是上海、浙江以及江苏的苏南所不及的。相信在长三角一体化推进的新时代，受梯度规律的作用，沪苏浙三省市强大的经济基础，将为安徽的发展注入强大推动力，带来发展的新活力。

安徽的问题主要有三个方面：第一，经济基础较差，缺少强大的财力支撑。第二，长期的强省会空间战略的实施，有限的财力大量用于省城合肥的建设（合肥几乎是一个经济孤岛），以至省域，特别是最佳地理区位城市（比如芜湖、安庆）的投资环境得不到及时改善，从而使吸引投资的最佳空间丧失了最佳发展时机，延缓了安徽省工业化、城市化的进程，导致安徽在改革开放之后与沪苏浙的发展渐行渐远。由此产生第三个方面的问题，安徽省大批劳动力外流，远离家乡打工挣钱。而这又帮了沪苏浙等省市的大忙，正好弥补其快速工业化、城市化所需劳动力不足的矛盾，促进其发展，却加剧了安徽自身的落伍。

进入新时代，长江经济带大区域空间战略定调了，长三角扩容了，安徽也"醒悟"过来了，并抓住长三角一体化的机遇，加速发展。

我以为，第一，安徽发展依然要处理好省会合肥与省域其他中心城市的关系。在适度做大、做强省会的同时，要让沿江的马鞍山、芜湖、铜陵、池州、安庆等得到同步发展。

第二，要重点发展芜湖—马鞍山—滁州"金三角"。充分发挥其邻近苏南—上海的区位优势，增强实力，提升芜—马—滁在南京都市圈中的话语权，提升其在皖江经济带中的地位，形成自东向西的梯度辐射力。

第三,要更多地关注皖北。2019年5月我从苏北进入皖北。在跨越苏皖边界时,感受到两省在城乡经济、景观上的巨大差异,一时感慨万千!长三角对于这里来说,鞭长莫及啊!皖北大地只是农业吗?如何做强皖北农业、做深煤能源产业?如何让皖北农村尽快富起来?让皖北在外打工的数以百万计的人回家创业,也许是一个重要策略。

第四,要发挥人力资源的优势,做好"人"这篇大文章。安徽是制造业大省,拥有中国科学技术大学等一流高校,要充分发挥安徽的人力、技术和人才资源优势,重视技术精英的培养和使用,推进制造业发展;同时要重视人的素质提升和吸引安徽籍技能型人才回流。我以为,这是安徽的发展之本,也是其未来持久的繁荣之根(第二卷图55-0)。

第二卷图55-0　黄山考察时与老伴和弟子们的合影(黄山位于皖南,是安徽省的璀璨明珠。2004年6月)

第五章　豫鄂湘赣

豫鄂湘赣分别指河南、湖北、湖南、江西四省。其中的鄂湘赣山水相连，同处长江中游，以长江为主轴，湖北省北高南低，湘赣两省南高北低，同属于一个自然地理区；河南省虽然主要属黄河中游和淮河水系，但其南部属于长江流域，且与其他三省同属国土中部，将其纳入本章介绍同时也是考虑到了四卷书文字、图片平衡的因素。

豫鄂湘赣是我留下足迹较多的省份，原因有三：第一，这个地理区域很重要，地理学者都很关注。第二，湖北、湖南、江西以及河南是我有机会去学习、考察、研究较多的省份。湖北的钢铁、汽车工业是经济地理教学内容的重头戏；江西省则是由于20世纪70年代承担的中国科学院、农业部"中国农业地理（江西部分）"的编写任务，有过长期的考察调研经历；湖南的湘潭韶山、江西的井冈山都是红色革命圣地，我曾多次专程前往。改革开放之后，特别是近几年前往河南、湖南考察的次数较多。第三，改革开放之后，从事行政区划研究，这几个省份是我关注的重点之一。四省之中，我对鄂湘赣三省的直接感受是，自然地理、人文地理环境结构方面有较强的整体性、同质性，相似度较高。这在全国的地理分区之中是比较罕见的！

鄂湘赣三省之间的合作潜力巨大。目前的问题是竞争有余，合力不足。三省已经形成的共识是要往纵深发展合作。2015年9月，三省发改委在通城县通过的《通平修合作示范区建设共识》（简称《共识》）是一个好的开头。《共识》立足三省边界的湖北通城、湖南平江、江西修水三县资源禀赋，以基础设施互联互通，产业协同发展，生态文明建设，公共服务共享为重点，推进一体化发展，努力建设省际毗邻地区一体化发展先行区和示范区。一江两湖连三省，期望通过先行区、示范区建设的经验，有助于推进长江中游城市群国家战略，实现宏伟发展目标。

此外，还要高度关注边远山区的发展，在革命战争年代，这里是中国最重要的革命摇篮，诸如井冈山、湘鄂赣、大别山区等革命根据地，为中华民族做出重大贡献，新中国成立之后，这些山区由于种种原因（包括人为的因素）长期处于贫困状态，实际上是一种国土开发建设的"不公平"。要尽快消除这种不公平现象，跨省联手共同推进老区的合作和发展，而湘鄂赣边区的合作是最佳的空间发展选择。

(十三)河南省

56. 具有明显过渡性特征的"中部"大省

河南因历史上大部分土地位于黄河以南,故名河南,简称豫,省会城市是郑州。全省下辖17个地级市、21个县级市、85个县,其面积约为17万平方千米、总人口9 940万(2020年),为中国人口大省,但常住人口有所减少。

我关注河南(第二卷图56-1),是因为它位于中国地理的中枢,具有承东启西,南下北上的战略地位。河南省享有"九州腹地、十省通衢"之美称。从华东去西北,从华南去华北、东北,或是从北方南下,省会郑州是必经之地。无论是东与西,南与北,它在自然地理或人文地理特点上都具有明显的过渡性。

第二卷图56-1 被中共中央称为"民族摇篮"的河南省(2012年10月)

打开中国地图可以明显看出,河南省位于中国版图的中部,为第二级阶梯和第三级阶梯的过渡地带,地势从西向东,呈现中山→低山→丘陵→平原逐渐降低的特点。自北而南,海河、黄河、淮河、长江4条著名江河都流经河南,中国最重要的地理分界线——秦岭—淮河线大致也从河南省中部穿过。地势的过渡性使河南省的地貌结构呈现多样性特征,山地、丘陵、盆地、平原等都占有一定比重。西部为豫西山地,西南部为南阳盆地,东南部为大别山区。中、东、北部分布有广袤的华北平原。河南省的平原面积达9万多平方千米,比浙江省省域总面积还要大,这也是河南作为中国的农业大省所具有的得天独厚的地理环境优势。

在气候上,河南省域位于北亚热带向暖温带过渡的大陆性季风气候,具有自东向西由平原向丘陵山地气候过渡的复杂多样性特征,四季分明,雨热同期,气象灾害较为频繁。远古时期,黄河中下游地区河流纵横,林草茂密,适合人类繁衍。优越的自然环境,使之成为华夏历史文明之源。

在中华人文地理史上，河南省具有重要地位和意义。1996年6月，我受邀访问河南大学，参观访问了不少地方。2012年，我和老伴去河南省的郑州、荥阳，游黄河，看古迹，深刻感受到河南在华夏文明、中国文化地理上的突出地位（第二卷图56-2）。

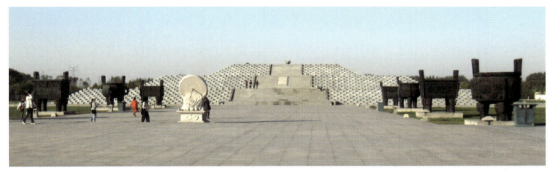

第二卷图56-2　郑州市黄河边的华夏文化广场合影（炎黄帝陵。2012年10月）

我对河南印象较深的事件包括："文革"之前的洛阳—三门峡考察；1996年6月访问河南大学（原开封师范学院）期间，赴河南中部进行参观访问；2012年10月下旬，对郑州市郊的荥阳市和巩义市进行调查；2014年对新乡市和太行山区进行访问考察；2019年4月，又专程考察了豫南的驻马店市、开封的兰考县、商丘等地。

河南是沿海开放地区与中西部地区的结合部，是改革开放之后，中国经济由东向西梯次推进发展的中枢地带之一。凭借其国家级综合交通枢纽的优势，以省会郑州为中心的省域经济发展加快，2018年，河南省实现地区生产总值48 055.86亿元，全国排名第4位，仅次于广东、江苏和浙江，上升较快，但其农业大省的地位未变，经济结构综合、体系完整的特点突出。随着中原城市群的发展，郑州国家交通枢纽建设的推进，这片中原大地将焕发新的生机。

57. 黄河：河南的爱与恨

黄河流经河南北部，在省域东北与山东省有较长的界河。对河南来说它既是一条害河，也是利河。千百年来黄河的泛滥为中原人民带来巨大灾难，不知多少人家破人亡，但也是黄河的泛滥塑造的数十万亩平原土地，养育了数以"亿"计的人口，创造了华夏文明。没有黄河、漳河和淮河也就不会有河南省近10万平方千米的平原，以及在此生活的1亿人民！

20世纪80年代初期，我应河南大学（原开封师范学院）老校长，著名地理学家李润田先生的邀请访问了该校。在该校，我们交流了关于中国行政区划改革等地理学术问题；参观了古城开封，感受到这座城市的古都价值和它的历史创伤，特别是黄河对它的严重伤害（范围包括豫东北、鲁西南的大片区域）！数百万无辜百姓曾被大水吞没，数万平方千米的土地荒无人烟，古都开封也几乎被毁！对于开封及其周边地区来说，更多的是黄河之恨啊！

2012年夏，我第二次与黄河亲密接触。巩义市宣传部的负责人陪同我，不仅全面考察了市域及其周边地区的城乡发展，感受到地方政府在发展经济中的巨大成效；更难以忘却的是在参观现场介绍、讲解的许多有关中国文化之根（河洛文化）的历史故事，让我受益良多。此时，感受到的是一种黄河之爱！黄河，作为中国的母亲河，我敬畏它。当我站在巩义黄河大桥边拍照时似乎有一种本能的激动（第二卷图57-1至图57-3）！

第二卷图57-1　黄河铁路第一桥（2012年10月）

第二卷图 57-2　黄河古渡、枯水期的黄河（2012 年 10 月）

第二卷图 57-3　黄河铁路第一桥、枯水期黄河河滩留影（2012 年 10 月）

黄河是中华民族的摇篮。按传统朝代计算，中国在黄河流域建都的时间长达 3 300 多年！

河南大地是神奇的，它蕴藏着几千年的黄河文明史，留给人们更多的是"敬"和"爱"！

千百年来，黄河流域的人民与黄河拼搏，使之成为地上河，最终归顺入海。新中国成立之后，改造黄河，加固河堤，黄河的归属渐渐稳定，两岸人民得以安康生活。同时，采取积极措施，对因黄河干流在河南省境内决堤泛滥、漫灌冲积形成的扇形"黄河故道区"，大片沙漠化、盐碱化土壤进行改造治理，使涉及河南省的 28 个县（区）、4.1 万平方千米的面积、3 000 多万人口的故道区变为国家的重要粮仓。

有志的河南人、中国的精英们，正在规划黄河的未来！

58. "五阳"都城：洛阳·安阳·濮阳·南阳·信阳

河南省 17 个地级市中的地名专名中有 5 个带有"阳"字，它们是洛阳、安阳、濮阳、南阳、信阳，在县市等级中带有"阳"字的专名有 13 个。中原大地的古代先人以"阳"作为地名传承，符合"山南水北为阳，山北水南为阴"的命名规律。我先后访问考察过地级市洛阳（第二卷图 58-0）和南阳、县级市荥阳，走过、路过安阳、信阳，有意思的是这五个带"阳"字的城市都是河南省千年古都。

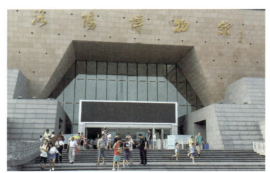

第二卷图 58-0　洛阳的博物馆、老街（2016 年 8 月）

洛阳因自夏朝起有十三个王朝在此建都，有"十三朝古都"之称，又因地处洛水之阳（北）而得名。安阳因其在淇水之北，故名安阳（但地名从单字到多字时也加有"阳"字，此说法有待考证）。民间有因处寿安山南而得名之说。"濮阳"因位于濮水之北而得名。南阳位于省域西南部、豫鄂陕三省交界地带，是河南唯一一个属于长江水系的地级市，因地处伏牛山以南，汉水以北得名。信阳是春秋时期申国的故里，原名义阳，北宋时期改称信阳。

从地理区位看，五大"阳"市分别位于黄河、海河、淮河和长江四大水系，西、北、东、南四个方向，几乎涵盖了整个省域。其中，黄河、海河、淮河自西而东顺势而下，唯独汉江支流白河在南阳城区自东而西反向流淌。

在五个城市中，洛阳规模最大，人口最多，位于省域陇海铁路的东段，是以郑州为中心的中原城市群的副中心，经济实力仅次于郑州。次为南阳、安阳、信阳和濮阳，相互间的差距较小。值得关注的是信阳，其连接鄂豫皖三省，为（长）江淮（河）（黄）河汉（水）之战略要地，中国地理、气候、文化的过渡带，还是大别山革命老区，因而成为国家支持发展的重点区。2018 年 10 月，《国务院关于淮河生态经济带发展规划的批复》发布，信阳市上升为国家战略，并成为核心枢纽城市之一，发展的优势日益显现。2018 年信阳经济增速在五"阳"市中排名第一，达 8.81%，次为洛阳、南阳、安阳和濮阳。

2019 年 4 月中旬，我从驻马店去板桥水库，参观之后，穿行于桐柏山区，进入位于南阳盆地东侧的泌阳盘古天地，体验了汉江上游这个特殊区域的地貌—人文景观。

59. 省会变迁：洛阳→开封→郑州

与全国大多数省级政区比较，河南省政区的几何形态比较规整，为建立省域经济完整体系和城市体系空间格局，推进经济、社会相对均衡发展提供了良好的地理空间。历史上，基于黄河和交通的因素，洛阳、开封和郑州先后被设置为河南省的省会。1996 年 6 月，开封的河南大学安排我参观访问了开封、郑州、洛阳这三座先后为省会的城市（第二卷图 59-1 至图 59-5）。

洛阳市有 5 000 多年的文明史、4 000 多年的城市史、1 500 多年的建都史。凭借其作为华夏文明的发祥地之一，隋唐大运河的中心等优势，先后有十多个王朝在洛阳建都，直到五代。北宋迁都开封，但洛阳仍为西京。民国时期，又两度为河南省会（1923 年、1939 年）。

第二卷图 59-1　应河南大学校长李润田先生之邀作学术报告、与新老校长合影（1996 年 6 月）

第二卷图 59-2　与河南大学新老校长合影、与河南大学新领导班子合影（1996 年 6 月）

第二卷图 59-3　开封城留影（1996 年 6 月）

第二卷图 59-4　郑州登封少林寺留影（1996 年 6 月）

第五章　豫鄂湘赣 ｜ 141

第二卷图 59-5　洛阳白马寺、龙门石窟留影（1996 年 6 月）

开封迄今有 4 100 多年的建城史，先后有夏、魏，五代时期的后梁、后晋、后汉、后周，北宋，金朝八个朝代在此定都，称之为"东都"或"东京"，正式取代洛阳，成为全国的政治、经济、文化、交通中心。河洛地区的中心地位转向豫东平原的开封，在中国古代政治中心的转移中具有划时代意义。

开封发迹于 960 年，殿前都点检赵匡胤在开封城北发动"陈桥兵变"，以"宋"为国号，建立宋朝，建都开封府，历经 9 帝、168 年。北宋时期经历 18 年的统一战争，结束了自唐朝安史之乱以来的藩镇割据和五代十国的分裂局面，实现了南北方主要地区的统一。作为国都的东京城（开封），富丽甲天下，经济文化发达、社会稳定；城内河流密布，市面繁荣，百姓富裕；园林景观似如江南，世人羡慕。时城内人口达 150 万，无愧为当时全国的政治、经济、文化中心，也是世界上最繁华的大都市。北宋画家张择端的作品《清明上河图》是对东京城汴河两岸清明时节繁华、热闹景象和优美的自然风光的生动描绘。北宋之后，金朝亦在开封设置过国都。但历经沧桑，天灾人祸，国都转移至北京或南京，开封的政治地位渐渐下滑，然而明、元、清，民国时期，直到新中国成立初期，开封依然是河南省级政治中心——省会城市。

近代，由于黄河的因素对豫东北地区经济社会发展产生的严重影响，水运被陆路交通取代，特别是铁路枢纽的形成发展，郑州成为中国东西南北铁路（京汉—陇海）的交通枢纽，1954 年 10 月，河南省会由开封市西迁至郑州市。由此，河南省的政治中心在经历了千百年，从西部丘陵河洛地区向东部平原地区转移之后，又转移至省域中部。合情合理，但对省会的迁出方来说，是一个"致命伤"。

2019 年 4 月中旬，我路过开封，应朋友之约去"第一楼"吃了著名的灌汤包，饭后抓紧时间去了古城墙、中山路这条世界少有、保留完好的中轴线观察，亲眼看见开封"老了""旧了"（第二卷图 59-6、图 59-7）。郑州需要携手开封，共谋发展！

第二卷图 59-6　开封城墙（2019 年 4 月）

第二卷图 59-7　开封清明上河园留影（2019 年 4 月）

60. 考察巩义·荥阳

巩义位于郑州与洛阳之间、陇海线上，是河南省第一家推进省直管的县级市。由正厅级干部担任一把手，可见这座城市在河南省的重要性。

2012 年 10 月中旬，我和老伴，还有弟子马祖琦乘坐动车前往河南巩义，在郑州下车后立刻去黄河风景区（花园口）看炎黄帝陵，观黄河景色，与黄河亲密接触，感受黄河中游大地的这块中华"瑰宝"！

傍晚，驱车向巩义进发，天已灰暗，在一家颇有地方风味的滨河农家乐用餐，饭后下榻巩义市政府招待所（第二卷图 60-1 至图 60-4）。

第五章　豫鄂湘赣 | 143

第二卷图 60-1　巩义市中心城区图示、山区丘陵名镇——竹林镇的图示位置（2012 年 10 月）

第二卷图 60-2　在巩义市市政府宾馆与时任领导合影（2012 年 10 月）

第二卷图 60-3　巩义市研究室主任的办公室、我在荥阳的住所（2012 年 10 月）

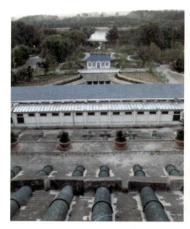

第二卷图 60-4　参观引黄河水工程巩义段（解决了成片丘陵地区的灌溉和用水问题。2012 年 10 月）

第二天上午，我们在河洛文化的发源地，沿洛河向东南前行，去访问一个山区丘陵的名镇——竹林镇（第二卷图 60-5、图 60-6）。竹林镇乡镇经济发达，人民日报头版曾经介绍过，知名度很高。我们走马观花考察了村级工厂、养猪场，镇区基础设施、引黄河水工程，村居民点、商业、学校幼儿园等，一路听取介绍。很难想象，在一个不起眼的豫西丘陵山区，居然隐藏着一个经济相当发达、百姓生活比较富裕的城镇，虽然称不上青山绿水，生态环境还有待改善，但农村工业化、乡村城镇化，兼并临近穷村，走共同富裕道路的经验是值得赞赏的。其幼儿园的设施和教育水平绝不逊色于城市！特别是跨越山岗，投资亿元，从数以十千米之外的黄河边引水上山的工程令人赞叹！

第二卷图 60-5　访问以工业起家的竹林镇（镇域经济发展较快。2012 年 10 月）

第五章　豫鄂湘赣 | 145

第二卷图 60-6　竹林镇照片集锦（2012 年 10 月）

下午，赶往康百万庄园等地参观（第二卷图 60-7）。这个庄园从明末开始，旺盛了 12 代 400 多年，代代相承的文化底蕴和精神张力、规模宏大的明清建筑和恢宏气势，给我们留下深刻印象。它是洛水之滨河洛文化博大精深的一个例证。

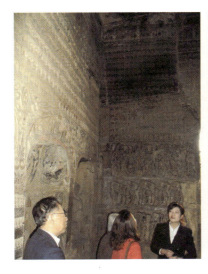 

第二卷图 60-7　康百万庄园参观留影（2012 年 10 月）

第三天上午驱车去郑州市郊的荥阳市。开发区的负责人向我们介绍了荥阳市的新定位"大郑州服务的宜居健康城"，并展示了规划布局蓝图，我们很受启发。接着去现场参观，沿着郑国都城→护城→千米古城墙等文化古迹，边看边介绍，上了一堂"郑国"的历史、政治和地理课。特别是保存完好的古城墙引起我的强烈兴趣。询问得知，这座城墙之所以得到保护，原因之一是，它一直为两个村庄的分界线（第二卷图 60-8）！

第四天，我们参观了宋陵、杜甫故居、河洛镇、巩义黄河大桥（第二卷图 60-9、图 60-10）。

第二卷图 60-8　荥阳市郑国的京城古城址及留影（2012 年 10 月）

第二卷图 60-9　杜甫故里及留影（2012 年 10 月）

第五章　豫鄂湘赣 | 147

第二卷图 60-10　河洛镇的石窟（2012 年 10 月）

以下几点是此次考察的收获：

——感受中原文化，特别是河洛文化在中国历史上的特殊重要地位。这与豫西地区的地形地貌、气候土壤环境，古代人类的生存适宜性有很大关联，验证了豫西地区的古地理环境非常优越；

——河南省域如此丰富的文化资源，是国家的无价之宝，似乎开发不足。地方政府限于财力，保护措施力不从心，加大国家对河南的文化投入是应该考虑的问题。我以为，在河南开封或洛阳创办一所新型的"中国文化大学"，传承、弘扬中华文化，培养新时代的文化人，条件是具备的。

61. 新乡之行（一）：走进原平原省的省会

第二卷图 61-1　参观平原省委旧址留影
（2014 年 9 月）

2014 年 9 月中旬，我和老伴又一次前往河南，考察原平原省的省会——新乡（第二卷图 61-1）。同行的有苏州科技大学的侯爱敏教授。此行还有一个目的，是和时任新乡市的一把手，我的首位博士，对行政区经济理论做出贡献的弟子，共同探讨行政区经济方面的理论和学术问题。

第一天上午，我们聆听了新乡市领导在几个城市工作实践中对行政区经济理论的新体验及其重要价值，认为这一理论有助于指导市县区域经济工作，并指出，新时期，行政区经济现象需要深化研究。

下午，我饶有兴趣地参观了新乡市市容和平原博物馆，以及原中共平原省省委旧址（第二卷图 61-2）。

第二卷图 61-2　平原博物院、平原省委旧址（2014 年 9 月）

62. 新乡之行（二）：太行山东麓悬崖上的郭亮村

第二天，我们考察了豫西边境太行山南端辉县市沙窑乡的郭亮村（第二卷图 62-1 至图 62-5）。这是一个与山西晋城市陵川县古郊乡昆山村交界的自然村，也是行政村，海拔 1 000 米，现有 83 户人家，共 329 人。这是一个位于高山悬崖顶上的山村，以其奇绝水景和绝壁峡谷的"挂壁公路"闻名于世。汽车在陡峭的山上缓慢爬行，到达山顶时，天空下起了雨，气温陡然下降。我们慢行在石子路上，在蒙蒙细雨中走进高低错落的村落，在露天的凉棚吃茶聊天，聆听着身旁山间小溪的急流水声，这是大城市无法享受到的一种大自然情调。

郭亮村的考察让我体验到中华大地二级与三级阶地过渡带——太行山南端的一个垂直剧变带的奇特自然与人文地理景观。此时此刻，我感受到做一名地理学者特有的自豪感！

第五章　豫鄂湘赣 | 149

第二卷图 62-1　海拔千米的郭亮村拍照留影（2014 年 9 月）

第二卷图 62-2　郭亮村村民客栈、小吃店（2014 年 9 月）

第二卷图 62-3　郭亮村民居（依山而建，就地取材，冬暖夏凉。2014 年 9 月）

第二卷图 62-4　郭亮村一角（阴冷雨天下的鸡窝、山体自然坡度上的村路。2014 年 9 月）

第二卷图 62-5　南北向大断裂带（使郭亮村与华北平原分离。2014 年 9 月）

63. 考察"75·8 溃坝事件"的两个大型水库

几十年前，我在讲授中国经济地理时，曾经在课堂上介绍过中国水库建设中的典型的反面案例，即石漫滩和板桥水库的溃坝事件，被称为河南"75·8 溃坝事件"。

板桥、石漫滩等水库位于驻马店地区，是 20 世纪 50 年代初响应毛主席"一定要把淮河治好"的号召，"人民治淮"的产物，这是两座由苏联水利专家提供勘测设计和施工指导的大型水库。

1975 年 8 月，河南省南部淮河流域，受台风尼娜影响造成的特大暴雨，导致以板桥和石漫滩两座大型水库为核心的 60 多座水库溃坝，1 万多平方千米受灾，被称为"75·8 溃坝事件"。据《中国历史大洪水》记载，事件导致河南省有 29 个县市、1 700 万亩农田被淹，其中 1 100 万人受灾，超过 3 万人死难。驻马店地区死亡人数最多，受灾最为严重，损失最大。"75·8 溃坝事件"至今仍然是世界上破坏程度最大的水库溃坝灾难。教训深刻而惨痛！

历经数十年，这件事一直在我脑海中挥之不去，很想有机会去看一看这两座水库的情况。2019 年的 4 月 9 日，我乘坐高铁，踏上去驻马店的路程，在一位朋友的帮助下考察了水库，亲身感受水库溃坝对城市—区域（驻马店地区）所造成的危害，了解了水库重建的情况。

第五章　豫鄂湘赣

驻马店，因历史上南来北往的信使、官宦在此驻驿歇马而得名。战国时期，驻马店地区是闻名的兵器制造中心，是车舆文化、冶铁铸剑文化的发源地，也是红色革命根据地之一。1965年6月，国务院批准河南省增设驻马店地区，2000年6月撤地设市。如今是河南省和国家重要的粮油生产基地，有"中原粮仓""豫南油库"和"芝麻王国"之称。应该说，这座城市规划发展得不错。

4月10日，我们驱车前往石漫滩水库，顺道考察了遂平县的嵖岈山人民公社遗址和嵖岈山景区及西平县出山镇"酒店冶铁遗址"，于下午抵达水库，在水库纪念馆参观了"75·8溃坝事件"中特大洪水灾害的图片展览，收看了电视录像，聆听了水库溃坝的实情介绍（第二卷图63-1至图63-3）。

第二卷图63-1　参观出山镇的酒店冶铁遗址及周边（8只羊是这位大娘的全部家当。2019年4月）

第二卷图63-2　石漫滩水库留影、"75·8溃坝事件"纪念碑、水库区（2019年4月）

第二卷图 63-3　被溃坝洪水冲刷表土后的耕地（这样的耕地只能用来放牧。2019 年 4 月）

第二天上午，又驱车去板桥水库（第二卷图 63-4、图 63-5）。虽然那天水库维修，不对外开放（它是驻马店市区饮用水的水源地），但在友人的朋友帮助下，我们乘坐 5 人冲锋舟，直奔长达两千米的大坝（水库中心水深达 130 米！），冲锋舟在清晰透明的库区快速航行，没有几分钟就抵达大坝中央，受深水波浪和小舟减速转弯的影响，小舟开始摇晃，我平生第一次乘坐小型冲锋舟，虽然穿上了救生衣，前后及右侧都有人保护，但还是有些害怕。

在大坝前观察了几分钟之后，冲锋舟又迅速驶向对岸库边，安全登岸。一上岸，我登上坝顶，美美地呼吸了库区特有的新鲜空气，欣赏了这座重建的特大型水库，找到了当年溃坝的位置。我平生参观考察过新安江等许多大小水电站，但板桥水库是唯一的一次"违规"和"冒险"考察。

我站在两座重建水库大坝上，凝视着残存的溃坝旧址，遥看远方，心情沉重。由于溃坝，驻马店地区（淮河上游支流洪河、汝河流域）东西 300 千米，南北 150 千米，60 亿立方米洪水疯狂漫流，汪洋一片。涉及遂平、西平、上蔡、汝南的全部村庄，连同乡镇瞬间被摧毁，汝河两岸数万鲜活的生命一夜之间就无辜消失了啊！

我在思索，这是谁的过错？如何向人民交代？事后，多方总结的经验教训如下：

——以蓄为主，忽视排洪的设计理念是首要原因。在平原地区错误推行"以蓄为主，重蓄轻排"的方针，对水域环境造成严重破坏，易造成涝、渍、碱三大致命灾害。

第二卷图 63-4　板桥水库考察留影（2019 年 6 月）

第五章　豫鄂湘赣　｜　153

第二卷图 63-5　板桥水库考察及留影（2019 年 6 月）

——质量低劣，"大跃进"产物下的工程是主要原因。新中国成立初期，缺少准确的水文资料，水库设计标准偏低。在"大跃进"口号下，工程质量低劣，在连续强暴雨的外力作用下，溃坝成为必然。

——特大暴雨是引发水库溃决的直接原因。1975 年 8 月 4 日，该年度中国内地第 3 号台风（"7503 号"台风）违背常规，"在河南境内停滞少动"，加上在特殊的"马蹄形"地形下，造成历史罕见的特大暴雨，而从中央气象台，到河南省气象台，再到驻马店地区气象台，均没有预报此次暴雨。

——电讯中断，指挥失灵，爆破泄洪，下游民众毫无准备，导致大量死亡。

面对矗立在石漫滩水库坝内的纪念碑，我默默祈祷死去的数万无辜生命！"75·8 溃坝事件"是新中国水利工作最惨痛的教训。这不仅是中国水利工作者、水利建设中应该吸取的，而且对所有的工程设计者和建设者都是一个极为深刻的警示！

64. 走进新中国第一个人民公社：嵖岈山卫星人民公社

1957年的春天，生活在遂平县嵖岈山下的近万村民为改变山村面貌，发展农业生产，掀起了治山治水建设高潮，1958年4月15日，下宋水库"胜利竣工"。时任地县领导提出将"小社"合并为"大社"的设想，获得上级支持，遂平县所属土山、杨店、鲍庄、槐树4个中心乡的27个高级社、9 369户、43 263人，合并成立了一个"大社"——嵖岈山大社。不久，在中共八大二次会议精神和2—3年"超英赶美""大放卫星"口号的刺激下，借鉴苏联集体农庄名称，大社更名为"卫星集体农庄（农业社）"。

是年6月，"农庄"2.9亩小麦试验田放出了总产10 238斤的"高产卫星"。人民日报头版刊发了报道，引发国内外的惊奇，短短三个月，来自全国各地的30多万参观者涌向嵖岈山。随后，卫星农业社更名为嵖岈山卫星人民公社。8月6日下午，毛泽东视察河南省七里营人民公社，当他看到挂着的"七里营人民公社"的牌子时，点头称赞："人民公社这个名字好。"由此，嵖岈山卫星人民公社红极一时，轰动全国。

随着时光的流逝，三面红旗的浮夸风被迅速纠正，人民公社被撤社复乡，此后又撤乡建镇。当年的风光不再，但嵖岈山卫星人民公社记录了中国农村、农业、农民发展的一段历史。如今，在嵖岈山印刻在墙壁上当年的革命标语、领袖画像仍依稀可见。

我站在嵖岈山卫星人民公社旧址前，想到作为"大跃进"的见证人，当年举国上下的那种狂热劲、浮夸风虽不可取，但隐藏在深处的一种说不出的"精神"（拼搏、团结、渴望美好未来），对于进入新时代的国民是否有某种可取之处呢?!（第二卷图64-1、图64-2）

第二卷图64-1　嵖岈山人民公社旧址及留影（2019年4月）

第二卷图 64-2　遂平县嵖岈山的地形地貌及留影（2019 年 4 月）

65. 陇海线上的兰考·商丘

沿着中国中部东西向铁路大动脉——陇海—兰新线，进入河南的第一个著名古城就是商丘，接着是开封和洛阳，三个古城相距约 180—190 千米。兰考只是开封所辖的一个县。之所以将兰考和商丘这两个不相干的县市组合在一起介绍：一是因为它们都位于黄河南侧，其发展、演进都与黄河相关，都遭受过黄河的"劫难"，且都在陇海线上，相距较近；二是因为两者的知名度都很高。商丘是商部族的起源和聚居地、商朝最早的建都地、商文明的诞生地，为中国历史文化名城。兰考则是因为 20 世纪 60 年代，时任县委书记的焦裕禄带领全县人民与风沙、盐碱灾害作斗争，被称为焦裕禄精神，成为新时代全国干部学习的楷模而名闻全国。2013 年建成焦裕禄干部学院，为以弘扬焦裕禄精神为主题的全国党员领导干部党性教育培训基地。

2019 年的 4 月 12 日傍晚，我从开封出发，前往兰考，看看当年的焦裕禄是如何治理风沙、盐碱灾害的，体验一下在那个时代的焦裕禄精神。

4 月 13 日一早，我们先后参观焦裕禄纪念基地、焦裕禄干部学院、焦裕禄纪念馆、焦裕禄精神体验基地、东坝沙坡头等（第二卷图 65-1 至图 65-5）。高密集的参观，虽然非常劳累，但收获很大，感受极深。特别是焦裕禄纪念馆丰实的史料，讲解员极富感情、极为生动的讲解和一个个焦裕禄的真实故事，深深打动了我。讲解员动情了，我也流泪了。

此次参观，至少有两点深刻感想：

第一点，中国变强了，兰考人生活变好了，但干部腐败、忘本的多了，脱离群众的多了，焦裕禄精神丢了。在新时期，学习、弘扬焦裕禄精神具有特殊意义。第二点，焦裕禄作为一名优秀的县领导干部，不是地理学家却胜似地理学家！他以一种锲而不舍的实干精神，查清兰考风沙的底细，追索"沙源和风源""亲自用舌头辨别盐碱的种类和土壤的含碱量"，进而遵循科学规律，寻找有效途径（种植泡桐树），与"三害"作斗争，取得成效。我以为，这是一种"地理精神"。即"接地气的精神，求理求新的精神，吃苦耐劳的精神"。这种"精神"恰恰是当代地理工作者所不可缺、需要大力弘扬的精神。当代地理工作者学习、弘扬焦裕禄精神同样具有重要的专业意义。

第二卷图 65-1　兰考县东坝头南丰黄河浮桥（2019 年 4 月）

第二卷图 65-2　东坝头镇黄河渡口的黄河大堤工程（2019 年 4 月）

第五章　豫鄂湘赣 | 157

第二卷图 65-3　东坝头黄河险工工程及留影（2019 年 4 月）

第二卷图 65-4　焦裕禄纪念园参观及留影（下右图为当年焦裕禄的治沙法宝——泡桐树。2019 年 4 月）

第二卷图 65-5　在焦裕禄干部学院、泡桐树园留影（2019 年 4 月）

当日傍晚，开始了商丘的考察。陪伴兼驾驶员小许，为了圆我的考察梦，下午 3 点从兰考黄河大堤出发，赶往豫鲁边境寻找明清时期的废黄河大堤，我们走省道、穿乡道，跨越省界，车行 2 小时，于傍晚时分，在山东曹县黄河大堤南侧，约百米处的一个村子农田里找到了这个被废旧的大堤（第二卷图 65-6 至图 65-9）。访问老乡得知，这个大堤历经几代皇帝才修好。

第二卷图 65-6　在豫鲁边界河南境内遭遇村民阻拦的乡道（这些乡道给钱后车可放行。2019 年 4 月）

第五章　豫鄂湘赣 | 159

第二卷图 65-7　废黄河大堤（在豫鲁边界一个被开发的旧"黄泛区"发现被废的旧大堤。2019 年 4 月）

第二卷图 65-8　废黄河大堤及留影 1（豫鲁边界被废弃的黄河，已经演变为湿地。2019 年 4 月）

第二卷图 65-9　废黄河大堤及留影 2（被废的黄河大堤历时久远，不同年代的大堤建筑材料清晰可见。2019 年 4 月）

第二天在商丘城里考察，重点看了通济渠商丘南关段遗址、正在大规模修建中的古城和新城等（第二卷图 65-10 至图 65-13）。虽然是走马观花，但对商丘这座古城作为豫西第一城规模之宏伟，留下很深印象。

第二卷图 65-10　通济渠商丘南关段遗址及留影（2019 年 4 月）

第二卷图 65-11　大规模复建中的商丘古城（2019 年 4 月）

第二卷图 65-12　大规模复建中的商丘古城留影（巧遇大娘春泳。2019 年 4 月）

第二卷图 65-13　商丘新城街景（2019 年 4 月）

66. 中原城市群中河南的定位与发展

河南省发展的前景如何，省会城市郑州如何定位？是我关注的重点。从国土空间的整体性看河南，它是中国中部的枢纽，不管是自然地理环境，还是人文历史、经济地理格局，都应该有这样的大区域认知。随着"一带一路"大战略的推进，河南的地位将越来越重要。

如何加快发展河南，提升河南的辐射力、影响力，关键在省会郑州。做强郑州的关键是充分发挥郑州的中原城市群的核心和龙头作用。

根据国务院 2016 年 12 月 28 日批复的《中原城市群发展规划》（简称《规划》），中原城市群的范围包括河南省的郑州、开封、洛阳、南阳、安阳、商丘、新乡等 18 个地级市，山西省的长治、晋城、运城 3 个地级市，河北省的邢台和邯郸市，山东省的聊城和菏泽市，安徽省的淮北、蚌埠、宿州、阜阳、亳州 5 个市，涉及 5 个省、30 个地级市，国土面积为 28.7 万平方千米。2017 年的总人口为 16 353.17 万，生产总值 67 778.12 亿元，是全国体量最大、人口密集、经济实力较强、工业化和城镇化水平较高、交通区位优势突出的城市群。《规划》给了中原城市群很高的定位：中国经济发展新增长极、全国重要的先进制造业和现代服务业基地、中西部地区创新创业先行区、内陆地区双向开放新高地和绿色生态发展示范区。《规划》特别强调了建设现代化郑州大都市区，推进郑州大都市区国际化发展。把"支持郑州建设国家中心城市"作为提升城市群竞争力的首要突破口，强化郑州对外开放门户功能，提升综合交通枢纽和现代物流中心功能，集聚高端产业，完善综合服务，推动与周边毗邻城市融合发展，形成带动周边、辐射全国、联通国际的核心区域。

2017年1月，国家发展改革委发布《关于支持郑州建设国家中心城的市的复函》和《关于支持郑州建设国家中心城市的指导意见》进一步重申了上述要求。

应当指出，中原城市群与东部沿海的长三角、北部的京津冀、南部的珠三角，甚至与西部的成渝、东北的辽中南相比，实力差距还比较大；与国家对其空间地位的要求（交通枢纽、经济、文化和政治的地位）不相适应。如何加快推进？我以为关键在以下几点：

——交通为先。要进一步提升郑州在城市群中的首位度，以交通枢纽为核心和抓手扩大规模，加大陆运、空运枢纽建设的投入，增强郑州的交通枢纽功能，提升凝聚力和辐射力。重点是提升郑州与中原城市群内地级市的通达性。

——用好两张牌。要用好文化和生态这两张牌，生态搭台，文化唱戏，大力推进跨省市合作。目前似乎重视不够，投入不够，活动不够。要提高认识，充分发挥文化和生态在大区域中的"纽带"和持久作用。

——加强领导，理顺体制。关键是加强组织领导，以郑州为龙头，理顺体制机制，破除行政藩篱，鼓励跨省合作，充分发挥政府力与市场力的"双力"作用。

——大力提升科技实力，改善软环境。科技教育是河南的短板，要高度重视，加快发展，建设科创中心，提升科技实力；要大力弘扬焦裕禄精神，加强制度化管理，提升全民素质，从根本上改善和提高城市群内的软环境。

以河南省为主体的中原地区是中华民族和华夏文明的发祥地。中原城市群（第二卷图66-0）的60%的版图在河南，80%以上的经济能量在河南，核心城市郑州在河南。城市群建设的成败也在河南！河南责任重大，任重道远！

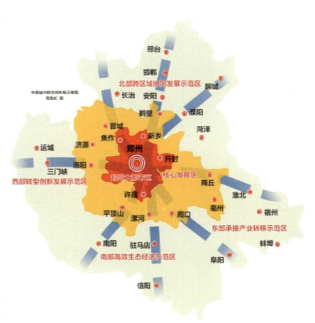

第二卷图66-0　中原城市群范围示意图

（十四）湖北省

67. 中国中部地理中心·经济强省

湖北省因位于洞庭湖之北得名，简称鄂，省会城市是武汉，与河南、安徽、江西、湖南、重庆和四川为邻，下辖12个地级市（39个市辖区）、1个自治州（恩施土家族苗族自治州）、25个县级市、36个县、2个自治县、1个林区，其面积为19万平方千米、总人口5 749万（2020年）。

湖北省是中国地理中心之一，横跨东西的长江大动脉与纵贯南北的京广铁路在省会武汉交叉，为全国的水陆交通枢纽，具有特殊的交通地理区位优势，承担着承东启西、贯通南北的强大枢纽功能。湖北是我国重要的老工业基地，集中了大量科研教育机构和人才，经济发展较快。2018年末，湖北的经济总量（GDP）达到39 366.55亿元，居中部之首。受新冠疫情的严重影响，2019年、2020年湖北省连续两年经济下滑，2020年经济总量（GDP）43 443.5亿元，比上年下降5%，是全国唯一经济负增长的省份，并被福建省超越，但2021年快速回升。

从国家战略看，在推进长江中游城市群建设进程中，湖北省以武汉为中心担当着"领头羊"的角色，随着经济实力的增强，湖北省对东西南北四个方位的辐射影响力将不断增强。

我对湖北省的关注，一是因为它在全国具有重要地理区位；二是因为新中国成立初期湖北是国家建设的重点省份，重工业特别是钢铁工业（武汉钢铁）为国家重点布局的省份；三是因为"三线"建设时期，湖北省西部又是全国的重点区域，主要是鄂西北（十堰）的汽车工业；四是因为三峡工程的建设导致湖北省值得关注的地理问题很多。

我以为，充分发挥湖北省的地理区位优势，并将"老工业基地"和"科教人才"两大资源优势有机结合起来，加快新旧动能转换，拓展新兴产业发展空间，进一步加强交通等基础设施建设，改造"硬环境"，提升"软环境"等，是湖北省进一步发威发力，走在中部地区的前列，并与东部地区"比翼齐飞"，实现高质量、高速度发展的关键（第二卷图67-1、图67-2）。

第二卷图67-1　天气回暖，鄂东丘陵与平原相间的湖北大地（2017年5月）

第二卷图 67-2　在湖北江汉平原的沪蓉高铁上远眺长江（2017 年 5 月）

68. 历史演进中的地域格局

湖北省位于中国地势的第二、第三级阶梯的过渡地带，其独立政区地理空间形成的历史并不久远。大约北宋至道三年（997 年），分天下为十五路，于荆湘间置荆湖南北路，始有湖北之称谓，其边界大致为"东界鄂渚，西接溪洞，南抵五岭，北连襄汉"。

湖北的地势西高东低，山地和丘陵环绕西、北、东三面，略成盆地地形。中南部大致以老河口经南漳到宜昌一线为界分为鄂西、鄂东两大部分。鄂西山地在西部，又以长江为界分为鄂西北和鄂西南，鄂东大致分为鄂东北和鄂东南两个丘陵山区。中南部是以长江、汉水冲积而成的著名的江汉平原，其土地肥沃，河湖交织，农耕发达，自古以来就是湖北经济富庶之地。

受地形大格局（第二级阶梯向第三级阶梯过渡）的制约，长江干流自宜昌起脱离高山峡谷，水流变缓，形成荆江河曲，而从陕南流入之汉水，水势同样减缓形成曲流，因而导致河流拥塞，积水成湖，湖北成为全国湖泊最多的省份，达千余个。千余年来，江汉平原的湖泊变迁频繁，灾害不断，特别是对荆州地区的兴衰产生较大影响。

宋朝在湖北中部设立荆湖北路，湖北开始逐步走向完整的"省"制之路。元代在今湖北境内：长江以南属湖广行省，治江夏（今武汉市武昌）；长江以北属河南行省；西北部一隅属陕西行省；西部属四川行省。明初，湖北政区延续元制。清康熙三年（1664 年）湖广分治，大体以洞庭湖为界，南为湖南布政使司；北为湖北布政使司，定为湖北省，省会武昌，是为湖北省建省之始，省名从此确立并沿用至今。民国十六年（1927 年），废除道一级建制，与其他省区相同，实行省、县两级行政区。也许因为地形地势、长江分割、楚汉边界等历史人文因素的影响，湖北的省级政区的完整性要延后于湖南、河南、四川等周边省区。

湖北依托长江，并以江水为源，在历史长河中发育发展了 3 座名城，这就是武汉、襄阳和荆州，一度称得上是湖北的"金三角"。如今，武汉作为省会城市、工业基地，展现了现代大都市的魅力！襄阳继续保持了"老二"地位，唯独荆州的繁华已经不在。2018 年，三市的国民生产总值分别为 14 847 亿元、4 310 亿元和 2 082 亿元，荆州不及襄阳的一半，以人均计算，也不足襄阳的一半，与武汉的差距就更大了。

从历史地理学角度对荆州与武汉的关系可以做如下诠释：

荆州历史悠久，文化灿烂。是春秋战国时楚国都城所在地，建城历史长达2 600多年，是楚文化的发祥地和三国文化的中心。然而，就是这样的一座历史古城，渐渐地被武汉取代，甚至不及襄阳，其原因何在？这不是一种偶然，而是在复杂的历史地理因素影响下的一种必然！

第一，宋元时期的战乱使得荆州城被毁，失了元气。第二，武汉（包括汉口、汉阳、武昌）位于江汉平原与两湖地区，在明朝迁都北京之后，地理位置的重要性大大胜过荆州，大量粮食等物资通过汉口水运而下，直达大运河转运京城。第三，贸易和商业的发展使武汉得以兴起。由于北方边贸兴起，山西晋商开辟北南茶马道，商业不断发展，同时福建、江西的物资多水运至汉口，沿汉江上溯至襄阳，然后经陆路北运直达京城和蒙、辽地区，并交换北方的土特产、畜牧产品。汉口成为南北大路的中继点、货物集散地、批发零售中心，荆州自然落伍。第四，晚清末年，京汉铁路全线竣工，这条南北大动脉彻底奠定了武汉的地位。

1994年，沙市被荆州合并，区划调整对这一地区的发展有否影响？有待历史检验。

我曾经武汉，去荆州、沙市，后来又去过江汉平原的一些城市及襄阳考察，感觉到汉—襄—荆金三角城市地位的深刻变化，它也是符合自然—人文历史地理演变规律的（第二卷图68-1至图68-5）！

第二卷图68-1　武昌繁华的汉街1（2017年5月）

第二卷图 68-2　武昌繁华的汉街 2（2017 年 5 月）

 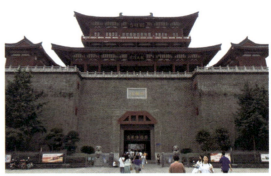

第二卷图 68-3　荆州古城、襄阳博物馆（2020 年）

第二卷图 68-4　襄阳市米公祠、临汉门（2020 年）

第二卷图 68-5　襄阳城墙（2020 年）

69. 大桥建设先河之省

湖北自古以来就有"九省通衢"之美称，滔滔长江东流入海，这条大动脉一直是推进湖北发展的天然优势。长江和其庞大的支流水系犹如血管滋养、联系着省内外、长江流域广袤的国土空间，并以一种开放、包容的境界，使湖北的经济、社会、文化、生态与流域内的省区紧密联系在一起，互相交融发展。然而，长江又犹如"天堑"横亘在湖北大地，分其为南、北，加上众多湖泊，形成湖北特有的地形地貌状态和地理结构。虽然水运交通堪称发达，但陆运却受其阻隔。因而，"桥梁"成为改善湖北交通环境的重要举措。

长江大桥的兴建对于湖北来说，需求十分迫切。为此，铁道部大桥局将桥梁科学技术研究所（简称桥梁科研所，今武汉桥梁科学研究院，即中铁大桥局集团武汉桥梁科学研究院有限公司）设在武汉。这个桥梁科研所与武汉长江大桥的建设基本同时起步。在计划经济时代，大桥局作为全国唯一的建桥专业工程局，长江、黄河上的大型桥梁几乎无一例外地由大桥局的科研所设计和建设承担。巧合的是大桥局的副总工程师林荫岳（教授级）就是我的连襟，自然对长江大桥的建设关注较多，了解较多。

1957年10月，湖北的第一座长江大桥——武汉长江大桥竣工，此后，长江上不断在造长江大桥。截至2020年，长江上，从四川至长江口（上海）的长江大桥，共建有115座，湖北省境内就有38座，而其中11座位于武汉。长江大桥对于湖北，特别是对于武汉具有重大意义（第二卷图69-1至图69-5）。

据亲戚介绍，武汉的每一座大桥都有它的创新之举，都有感人生动的故事。武汉的11座桥我没有走完，但每次去武汉，都会选择长江岸边大桥附近的酒店入住（第一次住在假日酒店，第二次住在世贸希尔顿），喜欢在酒店阳台上或窗口仰望着长江的滔滔江水，欣赏那来往如梭大小船只，不由自主地，默默念颂伟人毛泽东1927年在《菩萨蛮·黄鹤楼》中写的"烟雨莽苍苍，龟蛇锁大江"那极富诗情画意的诗句。1956年6月初毛泽东视察长江大桥施工，三次畅游长江时写下"一桥飞架南北，天堑变通途"（《水调歌头·游泳》）的极其豪迈、歌颂社会主义伟大建设成就的诗句。长江大桥已经成为武汉、湖北最亮丽的风景线，一个独特的地域文化——武汉大桥文化。

第二卷图69-1　武汉第一座公铁两用长江大桥1（2017年5月）

第二卷图 69-2　武汉第一座公铁两用长江大桥 2（2021 年 10 月）

第二卷图 69-3　武汉长江大桥全景（2021 年 10 月）

第二卷图 69-4　武汉鹦鹉洲长江大桥（2017 年 5 月）

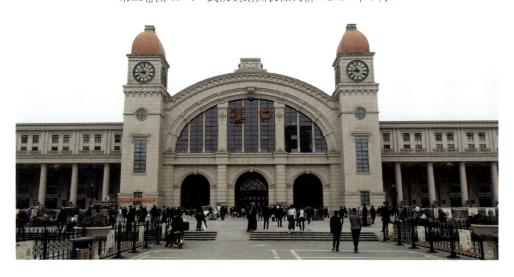

第二卷图 69-5　汉口火车站（2017 年 5 月）

70. 早期的三大工业部门：钢铁·汽车·纺织

经济地理学是地理学专业的主干课程，也是我比较喜欢的学科。记得学生时代在上工业地理内容时，老师讲到湖北是新中国重点投资的工业省份。我毕业留校担任经济地理（工业部分）教学工作，以后又专门开设工业地理课程，同样将湖北的武汉、十堰和沙市—宜昌三个重点城市—区域的钢铁、汽车、纺织工业作为教学的重点内容，并在《地理教学》期刊上发表过新中国工业布局的文章。此后漫长的岁月里，我去过武汉多次，也有机会去过黄石、襄阳、沙市、荆州和宜昌，对这三大工业部门在湖北，乃至在中国的地位深有感触。

第一，武汉的钢铁。武汉钢铁是新中国建设的全国第二大钢铁基地（鞍山是第一大钢铁基地，包头是第三大钢铁基地），为第二个"五年计划"建设的重点项目。

武汉钢铁厂位于青山区的长江岸边，前身为汉阳钢铁厂。铁矿石原料来自鄂东的大冶、黄石；炼钢的焦煤来自河南的平顶山和鹤壁煤矿；锰取自湖南湘潭。之所以布局武汉，主要是考虑接近原料基地和消费区，长江的水运和用水、排水，以及其强大的自然净化能力。1958年，中共中央提出"工业以钢为纲"，号召一切部门都要为钢铁生产"停车让路"，支援大炼钢铁。如今，武钢与上海的宝钢联合组建

第二卷图 70-1　中国宝武大厦

了中国最大的宝武钢铁集团公司，中国钢铁工业迈入了新时代，武汉的钢铁工业依然在全国占有重要地位（第二卷图 70-1）。

第二，十堰的汽车。20 世纪 60 年代，国家在鄂西北山区的十堰，投入巨资建设了仅次于长春第一汽车制造厂规模的第二汽车制造厂（简称二汽）。这是一个特殊年代、特殊布局的汽车厂。60 年代，中苏关系破裂，国际环境对中国十分不利。毛泽东出于国内外形势的判断，以及国内急需汽车，尤其是运输卡车的情况，立足于打仗，打大仗，强调重工业、机械工业布局的国防因素指导思想，确立"（靠）山、（分）散、（进）洞"的布局原则，一批新的重工业、机械工业布局于山区，甚至将大城市的重要工业也迁往"三线"

第二卷图 70-2　十堰汽车厂区

地区。十堰的汽车工业就是在这一背景下建设的。当年我在课堂上讲授中国汽车工业布局时，特别列举了十堰汽车制造厂选址建设的案例，强调"车间进山洞"，一个车间一个山洞。二汽是完全靠中国人自己的力量建设的大型汽车制造厂，形成以"卡车为主"的汽车产业（第二卷图 70-2）。

第三，沙市、宜昌的纺织。与钢铁工业、汽车工业建设同步，国家又在沙市、宜昌及武汉等地，新建了相当规模的纺织厂，吸纳当地盛产的棉花原料，特别是武汉的纺织工业，是为解决数十万钢铁大军的婚姻问题，与钢铁工业相配套，而做出的产业

布局策略。那时候，还特别强调男性与女性工人的匹配，是综合工业基地产业结构和布局的一条重要原则（第二卷图70-3）。

2011年11月，我和老伴去武汉探亲，在武昌和汉口长江大桥龟山山脚的"国棉社区"走访了那里的老上海纺织工人，据说80%是20世纪六七十年代与武汉钢铁厂同步建设，并从上海纺织厂迁移过去的，小区里流行着"上海闲话"。

第二卷图70-3　宜昌纺织厂

时过数十年，武汉的钢铁、十堰的汽车、沙市和宜昌的纺织，历经发展，规模扩大，产品结构升级，布局调整，分别形成武汉→鄂州→黄石的冶金、十堰→襄阳→随州→武汉的汽车和荆州（包括沙市）→宜昌的轻纺、医药、化工三大工业走廊。如今这三大工业走廊依然是湖北的工业基地。

湖北的制造业是计划经济时期留下的基础，在中国工业化过程中作出了重大贡献。研究今日之湖北工业结构和布局，不能脱离这个基础。

71. "三区"交会·"三镇"融合的省会：武汉

武汉是湖北省的省会，也是中国中部最重要的城市，承担着许多国家重任。这是基于武汉所处的地理区位、历史的根基和现实基础而形成的。

从省域来看，武汉正位于江汉平原与鄂东北、鄂东南三大自然地理区的交叉点上，是省内人口和经济的聚集中心，也是全国四大科教中心之一，高等学校多达88所，有武汉大学、华中科技大学等名校，大学生在百万以上；科研院所集聚，有强大科技实力，并有源源不断的后备人才供给；综合性工业实力较强，特别是有比较强大的基础工业和制造业。

武汉市域面积为8 494.41平方千米，下辖13个区，市域常住人口1 109万（2017年）。中心城区面积为1 682.17平方千米、常住人口743万，平均每平方千米4 417人。2018年的国民生产总值为14 847.29亿元。除中央4个直辖市之外，在省会城市之中次于广州、成都，排名第3位，高于杭州、南京；如果按人口平均，则位于第2位，高于成都，经济实力雄厚。改革开放40年来，湖北经济实力提升3位，武汉功不可没！

我每次去武汉都会感受到它的变化（第二卷图71-1至图71-5）。但细细观察与思考，这座城市也存在一些问题，与沿海的省份相比较，差距仍然不小。在参加的一次武汉会议上，一位省厅领导曾经问我对武汉的排名在全国一度下滑（从改革开放初期的第7位、第8位下滑到21世纪初的第12位、第13位）的原因，我当时简单地回答了几句话："国有大、中、小企业比重过多，体制机制不活，负担沉重"——这位官员认同我的观点。

第二卷图71-1　难得在武汉一见的亲友
（2017年5月）

第二卷图 71-2　武汉江边风光（2017 年 5 月）

第二卷图 71-3　武汉江边夜景（2017 年 5 月）

第二卷图 71-4 乘坐东湖游船观武汉市容（2017 年 5 月）

第二卷图 71-5 武昌江边码头留影（2017 年 5 月）

武汉的未来前途无量，关键是做好自身的工作。要进一步改善硬、软环境，特别是软环境，提升城市的科技和管理能级，具备担当武汉都市圈、长江中游城市群领头羊的能力。围绕城市群建设加强交通、科技、教育、网络、生态等的融合；要学习深圳的精神与经验，推进深层次改革，立足国家战略，着眼于城市群、都市圈、省域、长江流域，放大空间思维，形成自己的特色和综合优势，建设"大武汉"，全面落实国家定位的战略目标。

72. 长江三峡水利枢纽工程

举世无双的长江三峡枢纽工程，位于湖北省的宜昌市。从它开始筹建起，便始终与巨大的争议相伴。涉及移民搬迁、生态环境等诸多问题，在一些著名的地理、环境生态院士、专家中总会听到不同的声音。1999 年 2 月，我第一次访问中国台湾，在台湾政治大学社会科学学院的一次座谈会上，一些退休的国民党"干部"和大学老师也提出了对长江三峡工程的质疑。我如实表达了对庞大的百万移民大军的安置和流域生态，特别是下游河口段的生态环境问题的担忧，并认为，以中国当时有限的国力，多建一些中小型水电站更妥。我的观点得到了许多参会人员的赞许！

我去三峡旅游还是改革开放初期的事，未能亲眼看见三峡大坝的雄姿；1994年11月有机会参观了大坝；2019年5月，我在重庆，坐三峡油轮去参观了三峡博物馆，印象深刻（第二卷图72-1、图72-2）。长江三峡水利枢纽工程，简称三峡水电站，为全世界最大的水力发电站和清洁能源生产基地。具有航运、发电、养殖等十多种功能。1992年获得全国人民代表大会批准建设，1994年动工兴建，2003年6月1日下午开始蓄水发电，2009年全部完工。水电站大坝高程185米，蓄水高程175米，水库长2335米，静态投资1352.66亿元人民币，安装32台单机容量为70万千瓦的水电机组。2018年12月21日8时25分21秒，在充分发挥防洪、航运、水资源利用等巨大综合效益前提下，三峡电站累计生产了1000亿千瓦时绿色电能。

三峡工程最核心的功能是防洪、发电和航运。从2009年建成以来，这三大功能发挥得很好。人们担忧的移民、生态环境和地质灾害三大问题，在中央历届政府不断跟踪观察，及时采取强有力的有效措施下得到妥善解决或逐步缓解。十多年来，三峡工程始终处于正常运转状态。未来，随着科技和国力的提升，有理由相信这一世界性工程将会经受历史性检验。

三峡工程建设过程中所展现的中国人无畏与科学精神，值得大力弘扬。

第二卷图72-1　长江三峡巨无霸工程前留影、三峡大坝全景
（1994年11月、2019年5月）

第二卷图72-2　三峡邮轮（2019年5月）

73. 江边曾家巷老码头的故事

港口码头是武汉这座城市得以发展、壮大的天然优势。人们常说，新中国成立前的武汉是个码头社会，东南西北的商贾、社会名流、三教九流，各种人物在武汉集聚，十分繁荣。在汉江与长江交汇的武昌、汉口及汉阳江边，有许多大大小小的码头排列岸边。在这些码头之中，有综合性的，更多的是专业性的。因为工业建设，城市发展壮大了，码头多了，码头的专业分工也更细了。

在进入陆运、空运的时代，为了城市的"美容"，这些被遗忘、破旧不堪的码头，逐渐成为城市的负担，如今都已被拆除。武汉江边变了，变美了！可它隐藏在背后的一个个辛酸的故事，却值得回忆。

2017年5月15日，一个明媚的上午，外甥用车送我去杨园（铁道部第四设计院）看一位老乡，也是大学同窗。路经武昌江边，在一座酒店吃午茶，休息之时我连忙抓紧时间过马路，在江边仰望长江，突然发现武汉轮渡曾家巷码头的招牌，随即拍下（第二卷图73-0）。此时正好遇见一位退休的老人，我们聊了起来。他告诉我，曾家巷码头在新中国成立前就很有名，新中国成立后这个码头非常兴旺，专门运输棉花和棉纺织产品，为纺织厂的原料和产品销售提供运输服务。"一五"期间，武汉是国家建设的重点城市，为了与武钢配套，武汉的棉纺织也是重点行业，当时从上海迁来不少纺织厂，整个厂子的女工全部搬来武昌，在这里专门建立了职工宿舍，几十年过去了，这个社区的大多数居民还说着上海话！

如果来武汉旅行，想深入认知这座城市，那一定要去看看江边类似的"曾家巷码头"，与当地年长的百姓聊聊，最好坐一下过江轮渡！近距离观看滔滔长江水和宏伟的长江大桥，感受数百年来武汉三镇自然发展的奇妙情景。

第二卷图73-0　武汉轮渡——鄂航码头、曾家巷码头（2017年5月）

74. 武昌老街：昙华林

2017年5月，香港亲戚和我们一起去武汉探亲，几位七老八十的连襟在武汉相聚。期间，在外甥陪同下，去了位于武昌、可以反映武汉历史地理意义的"昙华林"（第二卷图74-1、图74-2）。千余米的路程，似乎给我们补上了武汉的近代历史地理课。

第二卷图 74-1　昙华林街区保留的老建筑及留影（2017 年 5 月）

第二卷图 74-2　陪同亲友参观昙华林留影（2017 年 5 月）

令人好奇的是"昙华林"这个街名。"昙华林"三字，是指古时此地有很多小型庭院，住民善植昙花，因花、华字音相同，故得名。昙华林的街名一直沿用至今，它是明洪武四年（1371年）武昌城扩建定型后逐渐形成的一条老街，全长 1 200 米。明清时期，昙华林曾是湖北秀才下榻、研读备考之地，是清廷负责地方军事衙门的所在地，并有以戈甲命名的营盘。

5月上旬，武汉的天气不冷不热，我们走在昙华林的石板老街（大多为后来补修的），环顾两侧经过修补装饰的老屋、名人故居，与汉口的现代楼宇建筑，那完全是另一种感受：

① 这里有最早为英国基督教伦敦会慈善机构和中华基督教会创建的医院——仁济医院。

② 有由美国圣公会创办于1871年10月的 Boone Memorial School，中文校名为文华书院。

③ 有位于今湖北省中医药大学（原文华大学）的校园内，建造于1870年，具有仿古希腊廊柱风格的校园基督教礼拜堂。

④ 有建造于1920年前后，原为文华大学公书林（公共图书馆）的书库。它是武汉最早的公共图书馆。

⑤ 有位于花园山山顶的天主教教区。

昙华林还保留许多具有历史价值的老建筑、名人故居。比如：独门独院欧式洋楼（1901，昙华林32号）、瞿雅阁健身所、国民政府军委会政治部第三厅旧址（今武汉市第十四中学内，建于民国初年）、花园山教堂、翁守谦故居（75号，建造于1895年）、瑞典教区旧址（1890）、真理中学旧址等。

1861年汉口开埠后，昙华林一带医院、学校、公寓、花园、教堂云集，中西合璧，毗邻而居，逐渐形成中外杂处的地域特色。受西方文化思想和价值观的影响，一些西洋的文化、教育、宗教，包括革命思想在这里孕育成长；一些革命团体、仁人志士在武汉生根，对近代中国的新思想起了积极推进作用。

在昙华林短暂考察，我体验到了这条名街珍贵的文化价值。第一，它是武汉之根，武汉近代文化的一个缩影，见证了武汉开埠以来的文化历程和它的个性。第二，它也可以称为中国近代史"浓缩的街区"，涉及西方的文化侵略、洋务运动、辛亥革命、国共合作，乃至武汉保卫战等重要的历史人物和重要史迹。第三，它让人感受到传统民俗、民风、小镇、名镇的温馨，勾起人们儿时的记忆。

中国的发展、城市的建设不能丢掉这类具有个性特色的传统文化！对于武汉来说，保护、统筹规划武昌古城原始生态圈（如昙华林古街区和紧邻的戈甲营社区）显得十分重要。

75. 设市预测与规划：潜江的考察

20世纪90年代，民政部在全国推进设市的预测与规划工作，这是一项十分敏感的工作，各省都非常重视。一时间，位于武汉市西部约200千米、汉水两侧，江汉平原的腹部，连续分布的江门、仙桃和潜江三个县级市的区划规划定位，引发三市政府和江汉油田的关注。

为此，1994 年 11 月，潜江市率先组织专家学者召开了"江汉平原城市群与潜江城市发展研讨会"，20 多位城市—区域规划、行政区划的专家应邀参加了研讨。专家们在对潜江市、江汉油田和周边区域的自然状况、文化历史和经济、城市发展状况等进行考察的基础上，各抒己见，从不同视角发表了见解。最后一致认为，潜江市的发展有利于增强江汉平原城市群的经济吸纳能力和辐射功能，但对行政区划体制改革的敏感话题难以形成共识。

第二卷图 75-1 至图 75-5 记录了这次研讨会的真实情况。

时隔数十年，随着"行政区经济"分割状态的弱化，区划体制的障碍也在逐步减少。

第二卷图 75-1　在江汉平原城市群随州市的座谈会留影（1994 年 11 月）

第五章　豫鄂湘赣 | 179

第二卷图 75-2　与吴传钧院士及专家团参观江汉油田模型留影（1994 年 11 月）

第二卷图 75-3　在江汉平原城市群之钟祥市的考察留影（1994 年 11 月）

第二卷图 75-4　考察钟祥市留影、位于潜江市的江汉油田（1994 年 11 月）

第二卷图 75-5　我在江汉城市群研讨会上发言（1994 年 11 月）

76. 湖北发展的地理问题思考

作为中国中部核心区域的湖北省，从政治、军事、生态、经济、社会、文化视角看，其地理空间的战略地位极为重要。我以为，在新时代湖北省的发展要关注以下几个地理问题：

第一，从区域生态系统看，处于中国第二、第三级阶梯过渡地带的湖北省，为防治自然灾害，大规模人为改造地形地貌、河流水系，开发利用国土资源的建设工程，如长江三峡、丹江口水库，以及 20 世纪六七十年代的"山""散""洞"工程等，在为人类造福的同时，实际上也破坏了原本相对平衡的自然地理环境，这就隐藏着未来可能发生的生态灾害隐患，即省域大自然的地质再造能力，这对于人类来说，可能是一种能量极大的破坏力。为此，加强监控，防治隐患，应对未来，是湖北省建设发展的第一要务。

第二，从经济视角看，湖北省依然要努力克服旧体制的惯性，大力推进改革创新，进一步激活国有大型企业的活力，着力发展民营经济，培育个性化、特色化，上规模的龙头企业。在空间布局上要因地制宜，突出区域品牌优势，实现高质量均衡发展，缩小地区差异。

第三，从社会角度看，要进一步加强社会建设，这对于新冠病毒的重灾区省份，尤其重要。要努力将负面的影响转变为正面，推进建设卫生健康大省，以率先建设卫生健康大省作为湖北省的社会建设战略目标。社会品质的提升，其本质在于人的综合素质和修养的提高，湖北省人口多，流动人口多，要大力推进文明素养教育，争做文明湖北人，提升湖北人的形象。

综合来看，湖北省要落实《长江中游城市群发展规划》，充分发挥自身的突出优势：地理区位、交通枢纽、清洁能源、基础工业和汽车制造，特别是雄厚的教育、科技人才优势，依托人才和优势产业做强、做大，加速发展，加快形成中国经济新增长极、中西部新型城镇化先行区、内陆开放合作示范区、"两型"社会建设引领区，进一步提升湖北省在中国中部省区的核心和引领作用。

以上的各个方面建设发展,首要的是要把省会城市武汉建设好,把中心城市的形象建设好,提升武汉的经济实力和集聚—辐射能量,建设文明城市是当今武汉城市建设的重中之重(第二卷图76-0)。

第二卷图76-0　与香港地区、湖北武汉的亲友相聚(在上海静安区石门二路街道达安城小区。2008年8月)

(十五) 湖南省

77. "芙蓉国"湖南

湖南省因位于洞庭湖以南得名"湖南",又因湘江流经全省,简称"湘",省会城市是长沙,其东南西北分别与江西、广东、广西、贵州、重庆、湖北6个省区(市)接壤。全省下辖13个地级市(36个市辖区)、1个州(湘西土家族苗族自治州)、18个县级市、61个县、7个自治县,其面积约为21万平方千米、常住人口约6 650万(2020年)。

湖南省是中国东部沿海地区向中西部地区的过渡地带,位于长江经济带的中部,与湖北省一样具有承东启西、连接南北的枢纽地位。资源丰富,山清水秀,河网密布,是中国著名的鱼米之乡,有"湖广熟,天下足"的美称;工业门类齐全,综合实力较强。1982年湖南提出了"长株潭经济区"的概念,创立协调管理组织,推进长沙、株洲、湘潭抱团发展,取得显著成效。在沿湘江和京广线两侧已经形成经济带,挑起了省域经济的大梁。未来需要在"可持续""均衡""品质"三个方面下功夫。

湖南给我们这代人的第一印象是,那里是中华人民共和国的缔造者——毛泽东主席的诞生地,湘潭市的韶山冲是一个特殊政治意义的红土地;我的第二印象是京广和浙赣铁路交叉点的株洲,是中国中部重要的铁路枢纽,制造"火车头"的基地。

20世纪80年代初起,中国地理学会经济地理专业委员会和湖南省科委合作创办的《经济地理》期刊编辑部设在长沙,我从期刊编委升至副主编,一直到退休担任名誉副主编将近40年!也许是这个原因,湖南师范大学地理系报考我的硕士、博士生的数量较多,优秀的学生较多。几十年来,我在湖南的主要活动空间集中在长株潭,同时也赴若干景区(张家界、湘西等)进行过观光考察,留下影像足迹(第二卷图77-1)。

第二卷图77-1　高铁穿越湘西与湘中丘陵山区(从重庆到贵州的途中。2019年8月)

湖南之名始于唐朝，唐开元二十一年（733年），唐玄宗时分属山南东道、江南西道和黔中道，唐代宗广德二年（764年）于衡州置湖南观察使，始有"湖南"之名；五代十国时期，马殷据湖南，建立楚国，设国都长沙。宋朝分全国为路，湖南主要在荆湖南路。

元代实行行省制度，湖南属湖广行省，并在今湘西少数民族聚居地实行土司制度，分别归湖广行省和四川行省管辖。明朝设布政使司，后改为承宣布政使司，湖南属湖广布政使司。

清康熙三年（1664年）置湖广按察使司，湖广右布政使、偏沅巡抚均移驻长沙。湖广行省南北分治，湖南独立建省。下设长宝、岳常澧、辰沅永靖、衡永郴桂四道，道下为府、直隶州、厅，府（州）下为县。

中华民国时期，湖南废除府、厅、州，保留省、县两级。民国三十八年（1949年）国民政府退守台湾前，湖南省有2个市、10个行政督察区、77个县，省政府驻长沙。

"芙蓉国"是湖南的雅称。出自唐代大诗人谭用之《秋宿湘江遇雨》。当时湖南广生高大之木芙蓉，其花多色繁盛，淡雅素美（第二卷图77-2）。谭用之游达湘江后赋诗"秋风万里芙蓉国，暮雨千家薜荔村"一首，被广为传诵。中华人民共和国成立后，毛泽东曾两次引用此诗句，赞美湖南的自然美景，抒发人文情怀。如今，芙蓉已成为湖南省的代名词。

第二卷图77-2　芙蓉花（摄于湖南长沙。2024年11月）

78. 洞庭湖水系的省区

位于长江中游荆江南岸的洞庭湖，与其流入的湘江、资水、沅江、澧水组成"一湖四水"，三山环绕，向东北倾斜，共同构造了湖南大地完整的自然生态系统（第二卷图78-1、图78-2），形成一个山水格局、地理面貌比较完整的省级政区，养育着数千万湖南人民！

从地质构造角度看，洞庭湖形成于燕山运动时期，为扬子准地台江南地轴上的断陷盆地。第四纪以来，下沉、凹陷扩大成湖，号称"八百里洞庭"，近期面积约为2 500多平方千米、总容积220亿立方米。

自古以来，洞庭湖就是中国五湖之首，湖面大，水量大，是长江流域最重要的调蓄湖泊，具有强大的蓄洪能力，历史上曾使长江无数次的洪患化险为夷，使得江汉平原和武汉三镇数千万人民得以安全度汛。千百年来，大自然的演变、塑造，长江上游来水量的变化、人口的繁衍、湖边耕垦的扩大使洞庭湖水域面积一直处于变动之中。1949年之后，逐渐缩小。据湖南省水电勘测设计院在1983年量算测绘的"洞庭湖高程、面积、容积曲线图"计算，已减至2 691平方千米，比1949年减少了1 659平方千米，减少了38%！其根本原因：一是源自湘江、资水、沅江、澧水四大水系源头山丘地区水土流失，使得洞庭湖的泥沙不断沉积；二是沿湖民众无序的耕垦蚕食湖区，严重威胁湖区乃至整个水系的生态安全！

洞庭湖是湖南人的母亲湖、生命湖。洞庭湖流域是著名的鱼米之乡、农业发祥地，也是湖南省域国土空间的战略主阵地，处理好湖区与流域的开发与保护、治理的关系是其重中之重，也是长远大计。其关键是将洞庭湖流域，山、江、湖，上、中、下游作为一个系

第二卷图 78-1　湖南省的主河道——整治一新的湘江（2009 年 6 月）

第二卷图 78-2　湘江水系的娄底水库（1994 年 8 月）

统来统筹谋划，使洞庭湖区域资源实现永续利用！湖南省政府和百姓已经认识到圩堤耕垦对湖区生态的严重破坏性，逐渐平退堤垸，还田于湖，恢复湖区生态。截至 2018 年共平退堤垸 333 处、搬迁 55.8 万人，洞庭湖调蓄面积比 1978 年扩大了 779 平方千米。

洞庭湖是中国传统文化的发源地之一，以岳阳楼为代表的名胜古迹众多，文化、旅游资源集聚。2021 年夏季，我在弟子们陪同下，专程前往湖滨岳阳楼小游，聆听"江声下的洞庭"。

79. 湘江畔（一）：毛泽东的故乡韶山

我的青少年是在毛泽东时代度过的，受毛泽东思想教育的熏陶而成长，自幼崇拜伟大领袖毛主席，知晓毛泽东的故乡韶山冲，祈望有朝一日能够瞻仰领袖的故乡。走上工作岗位之后，我多次去过韶山。每一次我都会认真聆听讲解员富有激情的讲解，每一次都是心灵的洗礼，一种对中华伟人的敬仰（第二卷图 79-1 至图 79-3）！

韶山冲位于湘中丘陵，是一个美丽、典型的湘江之畔的山村，世界伟人毛泽东的诞生地。

第二卷图 79-1　我在韶山冲村留影（2009 年 6 月）

第五章　豫鄂湘赣

第二卷图 79-2　韶山冲村景观及留影（2009 年 6 月）

第二卷图 79-3　韶山冲村毛泽东主席塑像（2009 年 6 月）

随时代变迁，如今山村大变，韶山已经建设成为领袖毛泽东的纪念地，中国著名、最有特色的旅游—文化城市。

多年来，韶山的政治地位、行政等级不断提升，1968 年起升为县级，1985 年从湘潭县析出成为湘潭市的一个区，1990 年 12 月 26 日，撤销湘潭市韶山区，建立县级韶山市，由湖南省辖，湘潭市代管。2018 年，韶山市下辖 2 个镇、2 个乡，市政府驻地清溪镇；2019 年 12 月，确定为全国乡村治理体系建设试点单位。

我去韶山冲最难忘的一次是 1976 年 9 月毛泽东逝世 17 年后的 1993 年 12 月，主席铜像从南京运回韶山冲，途经江苏、安徽、湖北、江西，在江西井冈山脚下发生的神话般故事。那一年，在主席诞辰的前一天、一个大雪纷飞的日子，我的一位湖南省社会科学院工作的校友王新坚同志陪同前往韶山冲，到达时顿时天气变晴朗，只见高大的主席铜像耸立在广场中央，头裹红绸缎，面朝东南方，巍巍庄严。顿时心情凝重，思绪万千，随手拿起相机拍下这一珍贵、难忘的镜头。近 30 余年过去了，我一直珍藏着这张照片（第三卷图 79-4）！

第二卷图 79-4　毛泽东主席塑像奠基日（1993 年 12 月）

80. 湘江畔（二）：省会长沙

在湖南湘、资、沅、澧四大流域之中，湘江流域面积最广，流域内的人口、城市和经济总量占比最大，密度最高；省会长沙，是湘江畔最大的城市。

长沙的地理位置略偏湖南省域东北隅，市域接近洞庭湖，与江西为邻，2018 年常住人口为 815.47 万，城镇化率 77.59%，地区生产总值 11 003.41 亿元，位居全国第 7 位，中部省区第 3 位，是一座红色、繁华的城市，也是中国中部、长江中游经济实力雄厚的省会城市之一。

长沙是中国少有的历经 3 000 年城名、城址不变的省会城市之一，有"楚汉名城""潇湘洙泗"之称；作为马王堆汉墓、四羊方尊、三国吴简、岳麓书院、铜官窑等历史遗迹凝练出的湖湘文化，长沙当之无愧成为首批国家历史文化名城之一。近代，长沙既是清末维新运动和旧民主主义革命策源地之一，又是新民主主义的发祥地之一。当代，长沙拥有中国（大陆）国际形象最佳城市、东亚文化之都、世界"媒体艺术之都"的美称。

长沙的高校、科研机构集聚，实力雄厚，杂交水稻育种、"天河"超级计算机、国内首台 3D 烧结打印机等科研成果也均出自长沙。2015 年，国务院正式批复同意设立湖南湘江新区，成为全国第 12 个、中部地区第 1 个国家级新区；2019 年，长沙入选首批国家物流枢纽。

从城市—区域眼光看，长沙与南侧的株洲、湘潭两个地级市各相隔均只有 50 千米，联系紧密，在中国的城市群之中比较罕见（类似的仅辽宁省的省会沈阳与抚顺、本溪、鞍山，吉林省的省会长春与吉林，陕西省的省会西安与咸阳）。我以为，这是湖南省省会城市的一个优势：可以避免 7 千多万人口大省的省会城市发展得过于膨胀，避免出现"省会经济孤岛"，即"省会独大"的弊端；有利于长株潭三市统筹发展，特别是在生态环境和基础设施建设方面可统一规划与建设；有利于统筹区域社会的发展，避免出现类似于"环京津"周边出现的"贫困带"现象，促进省域相对均衡发展。

然而，多年来，在"做大、做强省会城市"基调的影响下，长沙似乎也在走省会独大之路。我以为，从湖南省省情看，走长株潭合作分工发展之路是正确的选择；从国家层面看，要从长株潭三市合作建设的整体性来审视和评判长沙的省会地位，并与其他省会城市之间进行比较。

三市之中，长沙具有自身的地理区位优势，定位为"湖南省的政治文化经济中心，现代化的生态宜居城市，长株潭城市群的主核城市，中国中部重要的区域中心城市，国家综合性交通枢纽城市，一座具有'潇湘'特色的创意之都、国际名城"是恰当的。多中心组团布局应该是长沙城市的空间特征和规划基调（第二卷图80-1至图80-4）。

第二卷图80-1　在湖南省第一师范学校、湘江橘子洲头留影（1995年1月）

第二卷图80-2　湘江大桥、长沙的街景（2007年1月）

第二卷图80-3　和湖南弟子在酒店合影（2021年6月）

第二卷图80-4　走进长沙新城的一个高档社区（2021年7月）

81. 湘江畔（三）：铁路枢纽城市株洲

大学读书时期，在中国经济地理课的内容中，株洲被定位为中国中部的一座铁路枢纽城市、京广与浙赣两大主干线交叉地。"一五"时期株洲布局了有名的机车车辆厂，专造火车头，名气很大！每次从上海去湖南，以及南下广东、香港，路经株洲（有时还要转车），都要在株洲车站下车小憩，在车厢内张望着站台！

2007年1月去湖南，我的弟子、湘潭大学的知名教授陈湘满开车，在湘潭、株洲、长沙走马观花考察了一番，在湘潭美美地吃了一餐"毛氏红烧肉"，在株洲参观了开发区和老城，在穿过株洲编组站的一座旱桥上我还拍下了多张照片（第二卷图81-1至81-3）。虽然株洲变大了，人多了，更繁华了！但车站老街的格局似乎未有改变。

株洲距省会长沙南郊40千米，距湘潭不足40千米，东与江西萍乡接壤。湘江绕城而过，可以说是湖南省陆路交通最便捷的城市！

株洲的地名源自南宋绍熙元年（1190年），沿用至今。历史时期多为县级政区，清末至民国时期，逐步降为湘潭县辖的一个乡镇。1951年从湘潭县株洲镇及太平桥等7乡析出升格为县级市，1953年改为省直辖，1956年升格为地级市。其主要原因是，株洲为新中国首批重点建设的八个工业城市之一。

第二卷图 81-1　在中心城区天桥上看株洲市铁路枢纽站（2007年1月）

第二卷图 81-2　株洲市容（2007年1月）

第二卷图 81-3　株洲市人民政府（2007年1月）

1983年3月，株洲市实行市管县体制，将原湘潭地区攸县、茶陵县、醴陵县、酃县划归株洲市管辖。今株洲市下辖5个区、3个县，代管1个市（醴陵）。如今的株洲依然是国家重要的制造业基地，区域性综合商贸物流中心，铁路运输、机械制造、化工城市，高铁车头制造业名扬天下！

21世纪以来，以交通运输、机械制造和化工为核心产业的株洲，更加注重人与自然的协调共生，注重环保和低碳，打造现代化、国际化的"动力之都、山水名城"，在长株潭城市群"两型社会"建设中发挥独特的作用。

82. 湘江畔（四）：重化工业城市湘潭

湘潭是毛泽东故乡韶山市所在的地级市，位于湘江河曲，中低山与内侧的湘江江水环绕，中、东部地势低平，自然和经济地理位置优越。因出产湘莲，又称为"莲城"。湘潭不仅是湖湘文化的重要发祥地，更是中国红色文化的摇篮。"湘中灵秀千秋水，天下英雄一郡多"是湘潭红色文化的写照。蜀汉名相蒋琬、晚清重臣曾国藩、文化名人齐白石、一代领袖毛泽东、开国元勋刘少奇和彭德怀、著名将领黄公略、开国大将陈赓和谭政等一大批名人都诞生于湘潭。

湘潭市源于湘潭县，县制始于南朝梁天监年间（502—519年），分阴山县而立湘潭县。千余年来，县域范围和归属多有调整和变迁。1949年8月湘潭和平解放后，县域隶属长沙专区（1952年，长沙专署改名湘潭专区），1950年，县城关区析出，建县级湘潭市。1953年4月，政务院批准湘潭市为省辖市，由湘潭专署代管。

1951年，从湘潭县境析出株洲等地建株洲市；1968年又析出韶山区建省属韶山特区。1983年8月，湘潭地市合并，将其原湘潭地区的浏阳县划归长沙市，醴陵、攸县、茶陵、酃县划归株洲市，湘潭、湘乡两县划归湘潭市，实行市管县体制。全市辖两个区和湘潭县，代管湘乡、韶山两市。

湘潭的行政区划演进深受政治和经济因素的影响，主要表现为行政等级的提升：从湘潭县析出设湘潭县级市，与湘潭地区合并为地级市；由湘潭县析出韶山，升格为韶山区、韶山市；由湘潭县析出株洲镇，设立株洲市，升格为地级市。

得益于优越的地理位置，特别是湘江充足的水源和便捷的水陆交通运输，加上比较丰富的矿产资源，湘潭成为湖南早期建设的工业基地，钢铁、化工等耗水量大的部门在此集聚。至今湘潭仍然是湖南重要的原材料工业基地，同时，汽车制造等产业均有较快发展（第二卷图82-1、图82-2）。

第二卷图82-1　湘潭市街区（2007年1月）

第二卷图 82-2　在湘潭大学与陈湘满教授合影（2007 年 1 月）

83. 湘江畔（五）：岳麓书院·湖南师范大学

1）岳麓书院

坐落在长沙湘江西岸，岳麓山下的岳麓书院是中国古代的四大书院之一，世界最古老的学府之一。始建于北宋开宝九年（976 年），历经宋、元、明、清的时势变迁，至晚清政府实行"新政"，改革学制，诏谕各省"于省城市改设大学堂"，随于 1903 年与湖南省城大学堂合并改制为湖南高等学堂，沿用书院旧址，1926 年定名为湖南大学。以书院基址扩建，直至新中国成立之后的 1986 年完成修复，对外开放。

我每次行走在岳麓书院，细看每一组院落，每一块石碑，每一枚砖瓦，都能够感受到这座古老书院一种特有的"岳麓人文精神"。

岳麓书院始终坚持"成就人才、传道济民的教育理想，高扬爱国务实、经世致用的价值取向，倡导实事求是、学贵力行的治学精神，秉持开放自由、兼容并蓄的办学姿态"，培养和熏陶了一代又一代经世济民之才。近代，先后涌现了以陶澍、魏源、贺长龄等为代表的经世改革派，以曾国藩、左宗棠、郭嵩焘等为代表的洋务运动领导者，以谭嗣同、唐才常、熊希龄等为代表的维新变法志士，以黄兴、蔡锷、陈天华等为代表的民主革命者，以杨昌济、范源濂等为代表的教育家，以何叔衡、蔡和森、邓中夏、李达、毛泽东等为代表的早期共产主义者，等等。

如今，岳麓书院依旧由湖南大学管辖，面向全球招生，为湖南大学的文史哲、国学、湖湘文化人才培养和研究基地。建有中国书院博物馆，其宋明理学、中国书院史、湖湘文化史、中国礼制史的研究水平在国内外处于领先地位。岳麓书院不仅是中国书院、传统文化的研究基地，而且成为中外文化交流中心。

2012 年暑期，我再次去湖南。湘潭大学弟子陈湘满教授等人带领我参观岳麓书院时，正值书院一大批本科、硕士研究生毕业之际，书院到处人头攒动，在"岳麓书院"几个大字的台阶上排队等候拍照留念（第二卷图 83-1），那一刻我见证了书院的兴旺！

第二卷图 83-1　建于 976 年的岳麓书院及留影（2012 年 8 月）

2）湖南师范大学

湖南师范大学是岳麓山下又一座山水相望、非常美丽、富有立体感的学府。其校门设计大气、简洁、现代，2007 年 1 月，陈湘满教授迅速拿起手机拍下系列照片（第二卷图 83-2）。我还爬上校门对面的湘江大堤，拍下经过整治过后的湘江河道。

湖南师范大学前身为 1938 年创立的中国第一所独立设置的国立师范学院，第一任院长为教育家、心理学家廖世承（1892—1970 年），初期设有国文、英语、史地、数学、理化、教育和公民训育 7 个学系，学制 5 年。新中国成立之初，学院并入湖南大学。1953 年在院系调整中设立湖南师范大学。

湖南师范大学与华东师范大学有一定缘分。1951 年在上海创办的新中国第一所社会主义师范大学——华东师范大学（我的母校），首任校长为教育家孟宪承，副校长则为中国第一所高等师范院校——国立师范学院院长，即教育家、心理学家廖世承。孟宪承、廖世承共同为华东师范大学的创建做出了重要贡献。

地理学是湖南师范大学的传统老专业之一，也是其实力强劲的专业之一。与华东师范大学地理学也似乎有某种关联。华东师范大学地理学的许多优秀硕士生、博士生都来自湖南师范大学地理系，仅我手下的硕士、博士弟子中就有七八位！

第二卷图83-2　湖南师范大学校园及留影（2007年1月）

84. 湘西考察：张家界·芙蓉镇·凤凰古城

湘西是湖南省山川美丽、人文荟萃的地方。2007年《经济地理》期刊25周年活动，组织了我们这些新老主编、副主编前往湘西进行了短暂的考察。那天是雨雪天气，面包车穿过常德，进入湘西，在离张家界较近处雪开始变大，前方车堵，我下车拍照（第二卷图84-1）。

此时此刻勾起我在20世纪七八十年代去大庸市（今张家界市）游览的回忆，那垂直节理形成的奇特景观令人叫绝！宏观看，它是一个位于中国第二、第三级阶梯过渡带，受地质构造和千万年来大自然塑造的天然美景，遗憾的是没有留下影像。2021年，弟子陈湘满教授得知后，委托他的学生为我提供了一组精美的照片（第二卷图84-2至图84-5）！

记得后来雪下小了，我们的车从张家界边缘折向西南继续前行到达第一个目的地——芙蓉镇。

芙蓉镇位于湘西土家族苗族自治州境内的永顺县，它与龙山里耶镇、泸溪浦市镇、花垣茶峒镇并称为"湘西四大名镇"，是国人熟悉的湘西名镇。

芙蓉镇本名王村，是一个拥有两千多年历史的古镇，因电影《芙蓉镇》在此拍摄而更名。它位于中国第二、第三级阶梯过渡地带的武陵山区，地形起伏跌宕，河川切割，镇区最高海拔927米，最低海拔139米，落差大，多瀑布穿梭其中，又称为"挂在瀑布上的千年古镇"。

当我走在高低错落的石板路上，眼观四方，倍感这座古镇的崎岖和奇妙！芙蓉镇曾有"小南京"美誉。如今已经建设成为国家4A级景区，恢复了昔日繁华。中午时分，我们一行在镇上小憩，在正宗的米豆腐店美美地品尝了一碗米豆腐（第二卷图84-6至图84-8）。

第二卷图 84-1　通往凤凰古城路途中的雪景（车堵了，天空下雪了。2007 年 1 月）

第二卷图 84-2　夏日晴朗天空下的张家界（2016 年 8 月）

第二卷图 84-3　张家界奇峰奇石（2018 年 11 月）

第二卷图 84-4　张家界武陵源纪念塔（2016 年 8 月）

第二卷图 84-5　张家界的盘山公路、亚热带林区（2016 年 8 月）

第二卷图 84-6　沅江上游酉水的支流——芙蓉镇猛洞河码头（2007 年 1 月）

第二卷图 84-7　芙蓉镇街景及留影（2007 年 1 月）

第二卷图 84-8　品尝别有风味的"米豆腐"留影（2007 年 1 月）

天空继续下着细雨，我们的车继续攀高前行，向最后目的地——凤凰古城进发。

到达凤凰古城，天色灰暗，天气寒冷，还下着雨，抬头看，古城就在眼前，大家忙着拍照。在集体照中我穿着短大衣，戴着一顶绒线帽。拍完照分散活动，我们进入城门，沿着古石板街，顺着人流，直达古城江边，那是沅江上游的支流沱江，北门的一座始建于明朝的古城楼和木质廊桥横跨两岸。望两岸，一座座连体木质楼房整齐地顺岸排列，望江中，江面开阔，江水滔滔，船儿荡漾，此时此刻，犹如进入仙境（第二卷图84-9至图84-11）。

凤凰古城之古，古城之特，古城之美，名不虚传，不愧"北平遥、南凤凰"之美誉，一座国家历史文化名城。

第二天，驱车西行约20分钟，前往苗疆边墙——中国南方长城参观古代的军事防御工程（第二卷图84-12）。

第二卷图84-9　凤凰古城全景和周边照片集锦（2007年1月）

第五章　豫鄂湘赣

第二卷图 84-10　在凤凰古城与南京大学曾尊固教授、中国科学研究院广州地理研究所原所长许自策研究员合影（2007年1月）

第二卷图 84-11　凤凰古城沱江畔（2007年1月）

第二卷图 84-12　登苗疆边墙——中国南方长城（2007 年 1 月）

南方长城是中国历史上工程浩大的古建筑之一，为明清王朝对南方苗族边镇边抚的产物。城墙高约 3 米，底宽 2 米，墙顶端宽 1 米，绕山跨水，多建在险峻的山脊上，海拔六七百米。城墙全系正方青石细凿砌筑，由糯米石灰砂浆凝结而成，工程浩大，从山下顺着台阶登上长城颇感吃力。

接着，我们又参观了苗寨（第二卷图 84-13）。湘西之行，收获满满。回到长沙，补写了此次行程之观感日记。湘西留给我的思考是，那里是湖南的一块极有特色的宝地，但与湘江下游相比，经济差距不小，何时才能缩小湘西山区与湘东北的差异，如何缩小这种差异？地理学家应该要出金点子了！

第二卷图 84-13　参观苗寨（2007 年 1 月）

85. 湘北考察（一）：岳阳市

我对湖南最熟悉的莫过于以长株潭为核心的湘江中游，先后去过张家界、湘西，但缺少对湘北、湘南的感性认知，2021 年 7 月中旬疫情好转的间隙，得到弟子帮助，补上了这一课。

抵达长沙后,第一站就是位于长江岸边、湖南省的副中心、第二大经济体的岳阳市。我想了解的是这座城市的现状,特别是它的港口利用、岸线情况;同时,也想去看看岳阳市标志性文化建筑——岳阳楼景区。

岳阳建城于公元前505年,是具有悠久历史的文化名城,长江流域著名的水路运输枢纽城市;洞庭湖三江四水在此入江,城陵矶港通江达海,有史以来,一直是湖南省江湖交汇的咽喉城市;近代至现当代,京广、浩吉铁路,高铁、高速等国家级主动脉在市内交织成网,使之成为湖南省唯一的国际贸易口岸城市,经济实力居全省第二,在城陵矶设有国家综合保税区。因此,岳阳在湖南省居于重要地位。

我们走马观花参观了城陵矶港口和岳阳楼(第二卷图85-1至图85-4),留给我两点感触与思考:

第一点,岳阳具有省会和省域其他城市不可替代的优势,应该建成为湖南省长江中游最大的港口物流和经济中心城市之一,以及以江湖水文化为特色的文化—旅游城市。

第二点,与省会长沙相比,岳阳显得相对破旧,我以为,要举全省之力加强对岳阳的财政投入和人力物力的支持,加快改变岳阳城市面貌,特别是城陵矶港区的外部生态环境,提升码头设施能级。

岳阳的发展,关系湖南全省全局发展,要打破"行政区经济"的分割局面,着眼于流域,着眼于省域,着眼于两湖,着眼于长江流域。

第二卷图85-1　通往岳阳楼和城陵矶老码头路途中破旧的老屋(2021年7月)

第二卷图 85-2　在湖南城陵矶新港区近距离望长江（2021 年 7 月）

第二卷图 85-3　与湖南省的 4 位博士弟子在城陵矶码头合影（2021 年 7 月）

第二卷图 85-4　岳阳楼及留影（2021 年 7 月）

86. 湘北考察（二）：津市市

2021年7月的一个中午，我们在岳阳用餐，稍事休息之后，驱车前往湘鄂边境，近200千米外湖南省的另一个江边城市——津市市。湘满教授开车高速行驶在湘鄂边界的公路上，时而湖北，时而湖南，有经验的他会通过公路路面色差或两侧的行道树大致判别行驶在哪一个省份（第二卷图86-1）。

一路上，我在思考津市这个年代久远的县级市，一个远离省会长沙、历史上红火、繁华的江边小城。让我感到好奇的是当年小城繁荣的原因，为什么后来衰落了，现在还好吗？它与相隔5千米的澧县是什么关系，存在经济利益的冲突吗？

第二卷图86-1　过君山桥，跨澧水河（在湘鄂边界的高速路上急速西行，抵达津市市。2021年7月）

大约2个多小时，顺利抵达津市市，直入市中心的一家酒店（名叫"小兰津"），后来知道这里原来是津市市政府招待所。我们肚子饿了，随即去餐厅用餐。这个餐厅高雅的气派、特色的装饰、丰盛的晚餐、服务的周到、经理的气质等，丝毫不会让人感觉到它是在湖南北部边缘的一座小城市！

我们都累了，要了三菜一汤，外加五个大馒头，四个人吃得津津有味，饭菜色、香、味与沿海大城市大酒店相比，毫不逊色。即兴之余，叫来了经理，对饭菜夸奖了一番之后，利用这个机会，围绕上面的问题，进行了一番城市历史和社会调查，受益匪浅（第二卷图86-2）。

第二卷图86-2　入住"小兰津"并随访酒店经理（2021年7月）

7月的中旬，天气已经炎热，夜幕降临，酒店经理建议我们步行去江边走走，看看澧水的夜景，发现有许多市民在江边乘凉，跳广场舞。我们沿着经理指引的方向向澧水河畔走去，一路感受到这座小城市的繁华夜市！在江边我们和两位大哥聊了起来，再次获得关于津市市的大量历史地理和社会的信息（第二卷图86-3）。看得出市民们对这个小城的生活相当满足。

第二卷图86-3　逛津市市夜景并随访两位大哥（2021年7月）

第二天上午，我们考察了这个城市的东南西北——行政中心、文化中心（博物馆）、商业中心、学校医院、澧水大桥等，然后驱车南下，经常德直达湘南的湘桂边境县——新宁县。

津市市的考察给我留下极深印象，解决了我的几个疑问：

（1）津市市是否可以成为中国城市行政区划体制研究的典型案例？

津市市位于澧水边，洞庭湖滨，水运发达，曾是湘鄂省际经济交流之要冲，通往湖北沙市、宜昌的捷径，湘北水运枢纽，人口聚集，经济繁荣。明万历三十七年（1609年），商业店铺多达250家。由于当时津市的地理环境和松散的社会环境，一批避难者蜂拥而至，清雍正十一年（1733年），商店过万，湘西和鄂西南的大批山货土产在此集散。民国初期，九省杂处的津市名声大震，湖南全省一半以上的棉花在此销售，也是全省最大的桐油市场。抗战期间，津市偏安一隅，一时成为沦陷区移民的栖身之地，人口进一步集聚，远超益阳、沙市。直到日本投降，商家纷纷返回故里，市面才萧条，繁荣才褪去。1949年津市和平解放，是年7月津市设市，一度归澧县管辖。1953年中央政府核准津市市为省辖市，现为省辖县级市，常德地级市代管。可见，津市市是一个由澧县析出、长期保留、切块的设市城市，一个城市化率很高、自由发展的城市。我以为，津市市可以作为中国城市行政区划体制研究的一个典型案例。

（2）如何发展好这个县级市，特别是处理好与澧县的关系？

津市市与澧县相距只有5千米，转型期行政区经济的作用，两个县市的空间规划发展中的矛盾在所难免，需要统筹协调。我以为，要从实际出发，把握全局，尊重民意，创新体制。在考察之后，一个新的思路在我脑海中形成：市县合并，撤销澧县和津市市，设立漓州（或漓津）市，副地级，省直管。值得注意的是，要平衡县市关系，可以试行行政中心与经济中心适度分离，澧县为行政中心驻地，经济职能部门驻地津市，在津市市与澧县之间设立湘北经济特区。

87. 湘南考察（一）：新宁县崀山景区

2021年7月11日，是考察组"驾驶员"、弟子陈湘满教授最辛苦的一天，他要开车从湖南省的最北端抵达湖南省最南部的新宁县，以确保第二天（12日）的行程安排。从上午9点起历时7个多小时，行程400千米，终于在傍晚5点抵达酒店。弟子辛苦了，我沿途没有丝毫睡意，一路眼观前方两侧的地形地貌，直至穿越这个跨越澧水、沅江、资江三条大河，以中低丘为主的省域中轴线，这一高强度的考察很过瘾！从地形地貌看，湘中的南北差异不大。

新宁县位于湖南省南部略偏西，毗邻广西壮族自治区，主要属资江上游，为邵阳市下辖的一个山地丘陵县，人口约51万（2020年）。县域西南和东南山高岭峻，动植物资源丰富。近年来，国家和省级多个自然保护区的建设，大大提升了知名度，促进了县域经济的繁荣，改善了城乡面貌，2020年退出贫困县。

新宁的自然山水、风景名胜首推崀山，2001年国土资源部审定为国家地质公园，次年，国务院审定为国家重点风景名胜区，2016年晋升为5A级景区，是我们考察、攀爬体验的重点。

7月12日上午，我们驱车西行直奔崀山八角寨景区。抵达山下，向山顶仰望，看到左侧是悬崖绝壁，中间是茶马小道，右侧是登山正道（攀爬石阶）。我犹豫了，84岁高龄能不能上，要不要上？如果上，是爬石阶上，还是骑着马儿上？我思索着，这里是湖南，也是中国特有的国家地质公园，既然来了就上，否则白来了。在多位弟子和朋友的鼓励和保驾护航下，打消了疑虑。考虑到体力和腿力，不能攀爬，决定骑马走马道上山。

马夫把我扶上马，马儿沿着百年马道缓慢攀登前行。我虽然是一位地理工作者，还担任过5年的山区考察队分队长，但从没有骑过马，更不用说骑着马翻山越岭，这是我平生第一回啊！由于马道多在山崖边，眼观脚下左侧的山崖，有点害怕，但在马夫指点的要领下，在前后两位地方干部的保驾护航下，马儿走过许多弯道，稳稳爬高400米，大约45分钟到达海拔800多米的山顶（也是一个分水岭），两位弟子（一位是女性）也已抵达，虽然他们大汗淋漓，比较狼狈，但都十分高兴。

在补充水分，稍事休息之后，我们又沿着山脊步行了一段，抵达山顶的最佳观察点，中国南方典型的"丹霞地貌"就在脚下，细看那由紫红色砂岩和砂岩构成的山势有规则地起伏，宏伟博大，品位高雅，被专家称为"丹霞之魂"。它是中国发育最完整、分布最集中的丹霞地貌。山顶建有宋元时期的天心寺。

此时正值中午时分，在火辣辣的太阳下，我们都戴上了墨镜，留下珍贵影像！下山的过程颇为艰难，我的两条腿越来越不听使唤，不得不在众人轮流搀扶下缓慢下山，耗费近一小时才回到八角寨，在那里用餐休息。

此次八角寨登山顶（第二卷图87-1至图87-7），是对我耄耋之年登高能力的严峻考验和测试，我没有及格！一位弟子说：刘老师这次登山是超负荷运行，到极限了！

第二卷图 87-1　从县城西行前往八角寨途中（2021 年 7 月）

第二卷图 87-2　进入新宁崀山八角寨景区（2021 年 7 月）

第五章　豫鄂湘赣 | 207

第二卷图 87-3　朋友保驾护航，骑马走茶马古道登山（2021 年 7 月）

第二卷图 87-4　终于登上山顶茶马古道（2021 年 7 月）

第二卷图 87-5　中国最典型的丹霞地貌——崀山丹霞奇观（2021 年 7 月）

第五章　豫鄂湘赣 | 209

第二卷图 87-6　火辣辣太阳下的正午山顶合影（2021 年 7 月）

第二卷图 87-7　在众人帮助、搀扶下，历时 1 个多小时才安全下山（2021 年 7 月）

88. 湘南考察（二）：南山牧场

南山牧场位于湘桂边界，城步苗族自治县西南部，为中国南方最大的连片高山台地大草原，海拔近 2 000 米、面积达 152 平方千米，经过多年艰苦努力，克服重重困难，建成为中国南方最大的现代化高山牧场。

我对南山牧场情有独钟，主要有两层意义：

第一层意义是它的科学和经济意义。

南山牧场建设发展中经历了不平凡的过程，即 20 世纪 70 年代之前（如 1960 年、1963 年、1968 年），违背自然地理环境条件和客观规律，不尊重科学，在中亚热带 2 000 米的高山草场盲目开发，耕垦种植，推广种树等，均以失败告终，造成巨大的经济、社会损失，教训惨痛。经过养羊、养牛的成功实践探索，1973 年开始建设南山牧场，从此南山走上了牧业发展的正确之路。1979 年，农业部将牧场命名为"湖南省南山种畜牧草良种繁殖场"。南山牧场探索建设的成功，从根本上看，是尊重地理科学，尊重自然规律的结果。

数十年来，南山牧场推进中外合作，引进先进品种，扩大规模，进行深度加工，改革管理体制，如今，它在高山草原畜牧业的发展水平、人工草场面积、产业化模式等方面，已经建成为"中国南方第一牧场"。与此同时，南山牧场还成为国家重要的风景名胜区。我们 7 月中旬上南山，深深感受到它夏季气候的凉爽，真是避暑的好去处！南山不仅显现其高山牧业经济价值，更显示其生态—旅游意义。

第二层意义是 30 多年前，南方山区考察队一分队曾经赴南山牧场考察，我因故未能登山，加上年代较久，渐渐淡忘。此次登山补上了这一课。

2021 年 7 月 13 日早晨 8 点从新宁出发，经城步县抵达山顶大草原，大约 2 个半小时的车程，步行 15 分钟即到达开放的草原牧区景点。顿时十分兴奋，如同身处内蒙古大草原。两者不同之处在于：一个是北方高原草原，一个是南方高山草原；一个平坦开阔，一个缓坡起伏。它们位于两种地形地貌、两类气候带上，是本质上不同的大草原（第二卷图 88-1 至图 88-3）！

第二卷图 88-1　车子进入南山牧场大门，盘山缓慢上行（2021 年 7 月）

第二卷图 88-2　抵达南山牧场山顶（2021 年 7 月）

第二卷图 88-3　登南山牧场大草原，与奶牛近距离接触（2021 年 7 月）

89. 我与《经济地理》期刊

《经济地理》（Economic Geography）是 1981 年由中国地理学会、湖南省经济地理研究所共同主办，中国科协主管的专业性学术期刊。20 世纪 80 年代初，中央推进开展国土整治规划，一时间各省区地市乃至县，掀起国土整治的热潮。此时创刊的经济地理专业期刊，自然是以反映我国国土整治、区域规划、农业区划、城乡建设规划以及工业、农业、交通运输业、城市布局方面的研究成果为重要内容。创刊主编为老一辈经济地理学家宋家泰先生，我的老师程潞先生为副主编，可能是"以老带新"的缘故吧，我被推为期刊"编委"。不久以后，宋家泰先生退休，由胡序威先生任主编；程潞先生退休，我接替了副主编位置；胡先生退休之后，由陆大道院士担任主编。2007 年我退出，华东师范大学曾刚教授担任副主编。

我从期刊创办的第一期发表题为《关于省内商品粮基地建设的若干问题——以江西省为例》一文起，在本刊发表了多篇论文❶，这些论文反映了我从事山区→政区→社区学术演进的大致过程。

《经济地理》期刊在吴传钧院士及许多老科学家支持下，为国内一大批经济地理学者和区域经济学者提供了重要的学术平台，发表了大量在国内外有影响的论文。近 40 年来，期刊不断发展，创刊时的半年刊（1981—1991 年）→季刊（1992—1998 年）→双月刊（1999—2008 年）→月刊（2009 年至今），发行量不断增加，影响力逐步提升，2004 年成为核心期刊。

2007 年，首届经济地理学术论坛暨《经济地理》期刊 25 周年纪念会在长沙隆重举行，会上我作了关于"中国行政区经济理论与实践"的报告，此次会议由陆大道院士主持，我移交了期刊副主编的工作；2021 年，我给《经济地理》创刊 40 周年拟写了寄语（第二卷图 89-0）。在我的学术生涯中，担任《经济地理》期刊副主编是一段重要的学术经历。

第二卷图 89-0　期刊新老编委交接班会议、期刊办刊 40 周年寄语（2007 年、2021 年）

90. 长株潭城市群空间组织体制创新

在中国省域的省会城市群之中，长株潭城市群具有独特性：一是长沙、株洲、湘潭三个城市同处湘江下游，地理空间格局呈"品字状"的"多中心"邻聚性。三座城市彼此城

---

❶ 参见刘君德著《我的地理人生 2：山区·政区·社区研究文集》，东南大学出版社，2020 年。

市中心直线距离很近，聚合能力强。二是三个城市的综合地域特征的相似性。三市的自然和经济、人文要素的同质性远大于差异性。三是三个城市发展演进过程的相似性和紧密联系性。历史上，长株潭三市分别发端于春秋战国、隋朝以及三国时期，多数时期，三地同属于大长沙，经济、社会、文化、生态紧密关联。四是中央政府支持长株潭城市群合作发展，省政府行政推动具有高强度和高成效性。

1997年，湖南省成立长株潭经济一体化发展省级协调机构，开始推进长株潭三市一体化发展。2007年，长株潭城市群获批为全国资源节约型和环境友好型社会建设综合配套改革试验区。2009年，实现长株潭三市长途区号的统一，为0731（长沙＋8、株洲＋2、湘潭＋5），成为全国唯一统一区号的城市群。随后，长株潭城际铁路动工。2011年，联合启动湘江流域重金属污染综合治理。2015年，长株潭城市群城镇化率达到70%，以长株潭城市群为核心，一个"超级城市"形态的新型城镇体系已经形成，并带动了湖南全省城市化进程。

十多年来，长株潭城市群在统一规划、统筹建设、三市共谋发展方面取得积极有效、非常显著的成就，尤其在基础设施、公共服务设施、环境治理推进方面取得了突破性进展。为加快湘江下游重点区域的整体性发展，促进省域经济持续发展做出巨大贡献，也为全国城市群区域合作发展提供了丰富经验。我的一位在省政府工作的曾万涛研究员，其博士论文基础完善而成的《中国城市群联市制研究：以长株潭为例》（东南大学出版社，2010年出版）对长株潭进行了深入分析和研究。

我要指出的是，在根深蒂固的中国传统的以行政区域为空间单元的城市—区域经济格局中，改革开放之后中央与地方关系变革不断强化的"行政区经济"规律影响下，长株潭一体化目标与三个城市行政区主体分割之间的利益矛盾难以消除，协调难度和代价较大。总体上看，自上而下的行政性干预较多，投入较大，而社会、企业（市场）发育不足，在当今中国的大环境下，难以实现设计中的跨城市、跨区域整合的理想目标。

深化改革是长株潭城市群发展的唯一之路。有两个选择方向：第一，依据中国国情，在政府行政引领、市场主导的思想指导下，加强行政性整合，充分发挥行政区划体制的空间整合作用，将长株潭升格为副省级的实体性区域城市，实现行政统一，彻底解决三市的行政分割问题，其理想的政区体制为——设置长株潭"都"，下辖长沙、株洲、湘潭三个地级市。但在现有的《中华人民共和国宪法》框架内难以实现，因而只能走"市管市（区）"之路。第二，吸纳国外成熟的模式和经验，即"多中心"合作模式，设立在省政府直接领导下的长株潭领导小组，这也是长株潭现有的管理体制，但要进一步深化改革，主要是在强化长株潭规划建设协调的同时，突出重点，划分类型，科学组织与布局。我认为：交通、供排水、供电供热等基础设施（尤其是城际快速交通）、大型公共服务提供、湘江下游区域环境治理，以及信息网络和大数据建设、高等学校（包括高等职业学校）布局、传染急病防控，要坚持区域统筹、统一规划与合理布局；关于产业结构与布局，更多的要坚持市场化原则，按照经济规律运行，政府要发挥引导功能（产业导向），但不干预。

如今，随着长沙、株洲、湘潭三市城市规模的不断扩大，人们看到，三市之间的实际距离已经大大缩小，以建成区边缘点测量，湘潭、株洲与长沙距离仅20千米，株洲与湘潭仅相距10千米。2019年统计，长株潭三市土地总面积占全省13.3%，户籍总人口占湖南省总人口19.6%，地区生产总值达12 548.33亿元，占据全省经济总量的43.2%，是全省经济增速最快的区域。我以为，这种势头还会延续，未来的长株潭城市群大有问鼎中国经济"第五极"之势,处理好省会长沙与株洲、湘潭的空间关系,创新组织体制,依然是长株潭区域协调可持续发展所长期面临的主要课题(第二卷图 90-0)。

第二卷图 90-0　路过长株潭 3＋5 城市群规划中的衡阳所在高校——衡阳师范学院
（与校领导等人员合影。2021 年 7 月）

（十六）江西省

91. "三区"合一省份

江西是湖南省的东侧邻居，因733年唐玄宗设江南西道而得省名，又因古为干越之地和省内最大河流赣江而简称"赣"，省会城市是南昌。全省下辖11个地级市（26个市辖区）、11个县级市、63个县，其面积约为17万平方千米、常住人口4 520万（2020年）。

湘赣两省在自然地理和历史文化上可以称为一对孪生"兄弟"。唐"江南西道"时期，江西和湖南同属一个道，今两省都是革命文化圣地；其地理形态都为三面环山，北面都有一个大湖泊，分别以洞庭湖、鄱阳湖为中心，山丘与河谷、平原相间，在下游形成广阔的平原，江湖之水出"湖口"都流入长江。湘赣两省都是完整的地理实体单元。两省在形态、空间格局、地理纬度与综合地理环境特征等方面均有高度的相似性，在全国各省区之中比较少见。

然而，从经济发展水平来看，江西则逊于湖南，2020年，江西省经济总量为25 691.5亿元，为湖南省的61.5%，总体经济实力明显低于湖南省。为什么会这样？可以从历史发展中寻找其原因。古代，从西汉长沙国开始，湖南是中原文明与百越之地的交汇处，其战略地位优于江西，但江西受东邻苏浙闽的影响，经济却优于湖南。近代，鸦片战争打开了中国大门，沿海港口经济崛起，江西丧失赣江水运优势，特别是晚清的太平天国战争，损失的人口和经济远超湖南，江西大伤元气。1851年战争死亡的人口达1 172万，占全省的48%，而同期的湖南死亡人口则为200万，占全省的9%，同期战争军费的摊派，江西也要高于湖南3倍左右！这就使原本人口、经济超湖南的江西从此一蹶不振！更为直接的原因，恐怕是中国南北大通道——京汉、粤汉铁路的修建绕开江西，给江西带来致命打击，人口—经济的聚集自然转向湖南、湖北！

江西省域空间地理格局以鄱阳湖为中心，赣江、抚河、信江、饶河、修河五大水系如蛛网般串联了山区丘陵、河谷平原。省域大体上可划分为鄱阳湖平原、吉泰盆地、赣东北、赣西北丘陵山区，以及赣南山地丘陵五大地理分区，各自形成以农业为基础，以城镇为基点的经济、社会、文化、生态综合性经济—人文空间综合体，即五个传统的经济—社会分区系统。

基于江西省域地理环境和边界的自然性和完整性特质，江西的省界稳定性很高。早在1 000多年前的唐朝，历经宋元明清，直到民国和新中国，变化很小。

20世纪七八十年代我在山区调查中惊奇地发现，每一个县也都是一个以水系为脉络、以规模不等的城镇（县城）为核心，相对完整的自然—人文地理单元，这也是丘陵山区省份普遍的规律，即一个县的建制，基本实现了自然区、经济区与行政区的"三区合一"。这些"县级单元"的空间范围，几乎保持不变！但一个省级自然区与经济区、行政区如此高度吻合重叠的则比较罕见，这是江西省最直观的自然与人文地理环境特点。鄱阳湖水系将省域的山丘、江河、湖泊、平原紧密联系在一起，造就了江西自然和人文特色。

这一地理格局对省域统一规划、建设，特别是资源的开发利用、"山江湖"流域治理和生态环境建设，以及统筹规划经济建设、城镇布局，形成完整的科学体系具有明显的优势，大大减少了省区之间发展、规划建设的矛盾。在改革开放以后,中国国内行政区之间"空间约束"即"行政区经济"运行规律作用下,这一特点尤为重要。然而,这种完整的地理单元,具有明显的地理"封闭性"特征,是否对江西此类省区的地域文化和区域经济带来负面影响,是个值得思考的问题。

早在大学读书时期,江西就是华东师范大学地理系重要的实习基地,我多次跟随老师前往庐山实习,包括庐山的地貌(冰川)、土壤和植被、综合自然地理等内容。工作以后去过赣东北、上饶地区开展经济地理调查。最重要的是改革开放之后,接受中国科学院、国家计划委员会的任务,主持《江西农业地理》(第二卷图91-1)一书的调研与编写工作长达2年之久,数十次进出江西。全省80多个县,跑遍70多个,可以说全省大大小小的城市、乡村都留下了我们的足迹!

第二卷图91-1 《江西农业地理》一书封面

江西地域广大,资源丰富多样,特别是土地资源,按人口平均远比周围各省,长江中下游及南方各省要多得多,乃至不存在"人"与"地"的矛盾问题(第二卷图91-2、图91-3)。

第二卷图91-2 赣江主流在省会南昌汇入鄱阳湖(2015年5月)

第二卷图91-3 在重庆到上海的高铁上拍摄的赣西农村景象(2019年8月)

92. 红色文化大省

江西是一个红色大地。20世纪七八十年代，从上海乘坐浙赣线去江西，一进入上饶，展现在人们眼前的就是大片光秃秃的景象——在红色、紫色砂岩上风化的红色、紫红色土壤的低丘、山间大小盆地相间且稀稀拉拉的"小老头"马尾松是最普遍的植被景观！

作为"红色大省"，重要的还是它的军事、人文历史和文化。江西是中国革命的摇篮，人民军队和中华人民共和国的摇篮，也是中国工人运动的策源地。无论是四周的边远山区、湘赣的井冈山区、粤北－赣南山区、闽浙赣山区、皖浙赣山区、湘鄂赣山区，省会南昌，乃至鄱阳湖区，到处都留下革命时期红色的脚印。一度红极一时，成为中国革命希望的"中央苏区"，范围涉及江西的南部，瑞金曾经是它的"首都"。

革命圣地井冈山、人民军队诞生地南昌、上饶集中营、红色首都瑞金、萍乡安源工人运动、于都县的中央红军长征出发地纪念园、永新县的"中国红色之旅第一村"的三湾村、修水县的秋收起义修水纪念馆、上饶市横峰县的闽浙赣省革命根据地旧址群、遂川县的第一个工农兵红色政权等，数不胜数。

我在《江西农业地理》一书的调研与考察中，曾经走访了上述红色圣地，受到了深刻的革命战争史的教育，遗憾的是，未能留下当时的影像记录！那时的考察几乎全靠破旧的长途汽车加两条腿，靠手工绘制土地利用图。但在我不完全的野外考察日记本上记下了考察行程和许多可歌可泣故事，日记本的尾页留下的大大小小的"红色"图章！

在江西这块红色的大地上，孕育了伟大的井冈山精神、苏区精神、长征精神，它是激励我们不忘初心、牢记使命的不竭动力，并代代相传！

2017年4月底，我再去南昌，前往武汉，路过赣东、赣中和赣西北，发现这片红色的土壤已经不再连片，山丘上种植的林木和自然次生林郁郁葱葱，一望无边的鄱阳湖大地春色浓浓。资料显示，江西的森林覆盖率已经达到63.1%，仅次于福建，位居全国第二！有人说"江西是红色省份中最绿的，绿色省份之中最红的"！如今的江西"山村秀美，景色宜人，山水林田湖草应有尽有"。江西的景观变了，由红变绿了，令人欣慰（第二卷图92-0）。

第二卷图92-0　红色山丘、红色土壤——江西土地的特点与标志（2017年4月）

93. 省会南昌

省会南昌市位于江西省域中部偏北、赣江和抚河的下游、鄱阳湖的西南岸，是一座英雄城市。1927年，震惊中外的八一南昌起义，就发生在这里。从此，中国共产党有了一支独立领导的人民军队，被誉为军旗升起的地方；新中国成立后，南昌制造了新中国第一架飞机、第一批海防导弹、第一辆摩托车、拖拉机，是名副其实的新中国重要的制造业中心之一和航空工业的发源地。我以为，在省会城市之中它应该是最"红"的！

历史上，南昌曾经有过辉煌，为"粤户闽庭，吴头楚尾""襟三江而带五湖""控蛮荆而引瓯越"之地，地理位置十分优越！"南昌"即因"昌大南疆、南方昌盛"而得名。"初唐四杰"之一王勃在《滕王阁序》中称其为"物华天宝、人杰地灵"；南唐时期南昌府称为"南都"，经济繁荣；明末清初，自九江，聚南昌（中心），经赣江，入南粤之水道，为商贸繁荣时期，位于鄱阳湖畔与赣江、抚河交汇的南昌，迅速形成江西的政治、经济、文化中心，省域最大的中心城市。

进入铁路时代，由于南昌偏离省域几何中心，距离浙赣线较远，加上赣、抚、信、饶、修五大水系的中上游山区丘陵水土流失加剧，特别是赣江航道堵塞，鄱阳湖的淤积、变迁，使南昌的发展受阻，渐渐落伍。

20世纪七八十年代前后，坐火车去南昌，要经过莲塘折向北行驶半个多小时才能到达，它留给我的印象是规模不大，城区多为两层楼的商业街和居住社区，跨过八一大桥就是新建县了。江西大学、江西师范大学等高校的环境虽然尚好，但设施落后，招待所的条件十分简陋，以至我和同事大热天要打赤膊、趴在床边写作；冬天，关着窗户在室内烤木炭取暖，还差一点煤气中毒把命送掉！

如今，南昌市域人口625.5万（2020年），规模扩大，2018年GDP达5 745.5亿元，经济增强，但在湘鄂赣三省的省会之中规模偏小，经济能量较弱。

2015年5月，我和老伴在南昌短暂停留期间，在南昌大学的华东师范大学校友、同行王圣云教授的大力帮助和全程陪同下，走遍了南昌的东南西北，旧城、新城（赣江新区）、老站、新站（南昌钢铁西站）和八一大桥两岸，参观文物古迹"滕王阁"和"山江湖"指挥部，南昌大学和原"共大"（今江西农大），特别是"小平小道"等景观（第二卷图93-1至图93-11）。

第二卷图93-1　南昌最重要的标志性建筑之南昌八一大桥、火车南昌站（2015年5月）

第二卷图 93-2　滕王阁及留影［始建于唐永徽四年（653 年）的国家 5A 级景区。2015 年 5 月］

第二卷图 93-3　从赣江新区望南昌主城（2015 年 5 月）

第二卷图 93-4　南昌主城区新貌（2015 年 5 月）

第二卷图 93-5　跨江发展的新南昌——赣江新区（2015 年 5 月）

第二卷图 93-6　赣江新区新姿（2015 年 5 月）

第二卷图 93-7　连接江北赣江新区与老城区的赣江大桥（2015 年 5 月）

第二卷图 93-8　挖沙船正在赣江口作业（赣江航道整治任务十分艰巨。2015 年 5 月）

第二卷图 93-9　赣江从上中游带来的泥沙在鄱阳湖地区大面积的堆积（2015 年 5 月）

第二卷图 93-10　赣江发育的河口沙洲（其整治、保护、开发利用需要统筹规划。2015 年 5 月）

第二卷图 93-11　赣江江边留影（2015 年 5 月）

跨江发展，北南双向推进是南昌市发展的主要思路。未来，将以南昌为中心，九江、向塘等多个副中心组合，形成实力雄厚的省会都市区。作为中国中部唯一一个毗邻长三角、珠三角和海峡西岸经济区的省会中心城市，南昌产业特色明显，飞机制造、电子等一批传统而又现代的工业更上一层楼，一批新兴工业正在崛起！跨过八一大桥，赣江新区一幢幢高楼平地而起，加上西部的高铁新城，南昌中心城区的框架已经形成。

不得不说的是，在大桥南侧，我看到赣江入鄱阳湖的河口有挖沙船在不停地挖着泥沙，疏浚河道，不由地联想，赣江为主的鄱阳湖水系上游的水土流失还在继续威胁着航道和南昌的安全。这也许是我此次南昌之行中唯一的担忧啊！

94. 小平小道

2015 年 5 月，在南昌的第二天下午，陪同的王圣云教授问我想不想去看看小平小道陈列馆。邓小平是我敬重的伟人，当然想去！小平小道陈列馆（第二卷图 94-1 至图 94-4）位于南昌郊区新建县望城岗，开车要四五十分钟，那天的天气比较热，不容多思考，随即驱车快速前往。到达之后，发现这里原来是新建县低丘地形的一个村庄，很不起眼，有一座隐蔽在丘陵地区的拖拉机配件修造厂，与之相连的是南昌步兵学校，两个单位之间有一条田间小道。"文革"时期受到冲击的邓小平被"保护"下放在这个拖拉机厂，自 1969 年 10 月直到 1973 年 2 月，长达 3 年 5 个月！

第二卷图 94-1　参观位于原新建县的小平小道陈列馆（2015 年 5 月）

第二卷图 94-2　小平同志劳动的车间（2015 年 5 月）

第二卷图 94-3　小平同志工作生活的地方（原新建拖拉机修配厂。2015 年 5 月）

第二卷图 94-4　在小平小道陈列馆前留影（2015 年 5 月）

　　如今这座工厂被改建为集教育纪念、休闲为一体的纪念性公园，前来参观的人不少。我们严肃认真地顺着指定的路线一一参观，听讲解，看图片、实物，仔细了解小平同志的这段历史过程。参观之后，沿着长 1.5 千米的小道漫步行走，不由思绪万千。一位伟人在这段"非常时期"，一家人与工人们共同生活。也许正是在这条"小道"上，伟人思索和设计了中国改革开放和现代化发展之路。我为之动容的是，在参观中当了解到"文革"后期"批林批孔"运动的深刻背景，联想自己遭遇的"中地组"事件❶风波，一瞬间，那种阴影似乎一扫而光！

　　2002 年 3 月，小平小道陈列馆被确定为爱国主义、革命传统和改革开放及邓小平理论

---

❶　参见刘君德所著《我的地理人生：涉足山区·致力政区·钟情社区》，第 30-31 页，东南大学出版社，2017 年。

第五章　豫鄂湘赣 ｜ 225

教育基地，2016年12月，被入选《全国红色旅游经典景区名录》。

95. 革命摇篮井冈山

井冈山是世人皆知的中国革命圣地，1927年7月至1939年2月时期为湘赣边界革命力量的中心，设有边界工农政府。在革命战争年代，井冈山儿女写下了无数壮丽史诗。1950年成立井冈山特别区，1959年国务院批准成立"井冈山管理局"，直属江西省政府领导，1981年改设井冈山县，由吉安地区管辖，1984年改设井冈山市，1994年合并宁冈县，由吉安市代管。现有土地面积为1462平方千米、常住人口16万（2021年）。

井冈山位于湘赣边界罗霄山脉中段，境内重峦叠嶂，主要山峰都在千米以上，最高峰海拔1779.4米；森林密布，覆盖率在80%以上，多原始森林，是世界上颇具代表性的山地亚热带常绿阔叶林区，树种多达上千种（第二卷图95-0）。

第二卷图 95-0　井冈山市域山峦、植被及江西干部学院（2018 年 10 月）

作为江西省西部湘赣边界最为典型的山区县，井冈山区是 20 世纪 70 年代末开展《江西农业地理》一书调研的重点之一，也是我分管的重点调查区域（吉安地区），为此，我多次登上井冈山，访问和考察山区的土地、生物和矿产资源，以及人文地理环境。

那时候通达井冈山的公路很少，从吉安去井冈山一般都要从南侧的遂川县上山，山路弯弯曲曲，旧式的长途班车缓慢爬行，初去的人有不少晕车，途中要行驶大半天！很累！

还记得华东师范大学恢复招生的首届工农兵大学生中，有一名就来自井冈山，入学时捧着一个大南瓜来到学校，被编入外国地理专业，两年制毕业之后回到井冈山，担任井冈山中学地理老师。退休之前，我们尚有少许联系。

96. 两个重要的商品粮基地：鄱阳湖平原·吉泰盆地

在中国经济尚不发达的年代，江西省的农业几乎占据整个产业的半壁江山，1978 年，第一次、第二次、第三次产业结构为 42：38：20。江西每年要为国家调拨数亿斤的商品粮，在长江以南各省之中是唯一的，主要得益于省域丰富的土地资源。

鄱阳湖平原被列入国家级商品粮建设基地，吉泰盆地则为省内商品粮基地（第二卷图 96-1 至图 96-3）。两个商品粮基地自然成为"江西农业地理"调查的重点区域。

在那个年代，出行的交通工具除了长途汽车之外，就是两条腿，我们的调查日程安排得很紧，好在有省农委的发文通知各县，加上有学校的介绍信开路，调查进展顺利。大面积的调查虽然辛苦，作为地理学人，与大自然打交道却是苦中有乐。

鄱阳湖平原和吉泰盆地，人均耕地多，乡村、城镇分布稀疏，农业机械化水平不高，劳力严重不足。为此，江西省委曾经号召各地方政府、垦殖场、企业大力生产汽车和拖拉机。"井冈山"牌汽车曾是当时江西的王牌产品。许多地区开展"汽车—拖拉机大会战"。个别地区出现过把旧汽车、拖拉机拆卸，重新组装、刷油漆充当"新制造"这类不可思议的大笑话！

那时候，江西的农业生产基本是"靠天吃饭"。在浙江、湖南大规模推广种植双季稻、提高复种指数的时候，江西还实行着单季稻制。一年种植一季中稻，冬季种上红花草（绿肥），农耕就算完成了。耕地利用率、单产都较低，但总产却不少，还有余粮上交！

江西省域山丘广布，林木资源丰富，漫山遍野的映山红等灌木为农民提供了大量天然的柴火能源，上山打柴，供烧火煮饭；冬季，以木炭取暖。那时候，走进城镇或村庄，你可以看到许多妇女手拎一个铜制火炉，倚在墙边，边烤火边晒太阳并聊天的悠闲场景。

第二卷图 96-1　鄱阳湖平原商品粮基地

第二卷图 96-2　鄱阳湖湿地保护区

第二卷图 96-3　吉安市吉水县水南镇店背村空中影像

调查组经过调查，针对鄱阳湖和吉泰盆地商品粮建设中存在的问题提出以下建议：

第一，加强对商品粮基地基础设施的投入，改善农业生产环境，提升农业现代化水平。

第二，改变传统的耕作制度，因地制宜，积极推广双季稻种植，增加复种指数，增加总产。

第三，处理好工业与农业发展的关系，搞好工业布局，保护好灌溉水源不受污染，并积极推广农村沼气，解决群众的民用能源问题。

时隔多年，鄱阳湖平原和吉泰盆地的农业水平有了很大提升。如今，两个地区人口大幅度增加，经济相对发达、城镇化水平提高，它依然是国家和省内最重要的商品粮基地。

在完成本节写作的时候，我关注到两个重要的信息：一是 2009 年 12 月 12 日国务院批复的《鄱阳湖生态经济区规划》；二是 2018 年 5 月中共江西省委办公厅、江西省人民政府办公厅关于在鄱阳湖实施湖长制的工作方案。前者标志着建设鄱阳湖生态经济区正式上升为国家战略，这是江西发展史上的一个重要里程碑；后者意味着鄱阳湖这个江西省的母亲湖，其资源的无序开发、水质下降、生态恶化的趋势将得到遏制，湖区的资源和综合功能有望永续利用，这对实现江西发展新跨越具有重大而深远的意义。

97. 江西南隅：赣州

江西省的政治中心偏于北隅，赣南的边远地区如寻乌县，距离政治中心远达 500 千米。在交通不便的车马、水运时代，管辖南隅鞭长莫及。古代人民在赣南地区选择了地形相对开阔、交通条件最好的赣江上游两岸耕垦繁衍，渐渐以赣州为中心，开辟并发展了赣南的城镇区域。

三国时的吴嘉禾五年（236 年）设置了相当于市一级的行政机构——庐陵南部都尉。随着人口的增加，宋代分设南安、赣州两个政区，简称"南赣"。因地处赣江上游、江西南部，于清康熙年间和民国初先后置分巡赣南道和赣南道，俗称"赣南"。

新中国成立之后，1949 年 8 月设赣西南行政公署，辖赣州、宁都、吉安 3 个专区。其中赣州专区领 18 县（市）。撤地设市后，辖 3 个市辖区，14 个县，代管瑞金 1 个县级市，与新中国成立初期赣西南行政公署相当。

赣州是赣江的源头，从水运时代至今，赣州始终为江西省第二大城市。20 世纪七八十年代，我靠着破旧的长途汽车和两条腿跑遍了赣南的 18 个县（市、区）。在我的考察日记本上真实记录了许多有趣、值得回味的人、地和事。

主要印象有四点：一是"山多"。多中低山和高山（1 000 米以上），南岭为赣粤两省之分界。二是"天热"。赣南位于中亚热带偏南，考察中经常汗流浃背！三是"果多"。无论是赣州市区，还是县城、小镇，特别是位于山南的寻乌的城镇乡村，大街小巷，处处可见品种繁多的水果，价格便宜，考察途中品尝了不少。四是"城骑"。行走在赣州市的大街小巷干净整洁、有不少类似广州的"骑楼"，形态独特（第二卷图 97-1 至图 97-5）。

第二卷图 97-1　赣州地区的红色山丘、耕地（2008 年 12 月）

第二卷图 97-2　赣州市南康县稀土开采导致的秃山（需采取综合防治措施进行治理。1987 年 12 月）

第二卷图 97-3　赣州市南康县水土流失的治理措施及留影（1987 年 12 月）

第二卷图 97-4　赣州市区骑楼式商业街——文清路（2019 年）

第二卷图 97-5　赣州南门口下沉式转盘、高架桥夜景（2019 年）

赣州地区不仅是红色故都（有共和国的摇篮瑞金、红军长征出发地于都、将军县兴国等）、世界钨都（大余）、世界橙乡，还是客家文化之摇篮，为客家先民南迁首站、发祥地、客家人的主要聚居地之一。客家人占赣州市总人口的 95% 以上，显现赣南地区的文化地理特点。

改革开放之后的 1983 年 12 月 19 日至 26 日，由上海经济区出面组织，以"加速山区的脱贫致富"为主题，在赣州召开了规格很高的研讨和推进大会。我被邀请出席，并做发言。我提出的"振兴山区"的"八点建议"引起与会高层领导和专家的关注和充分肯定。它在我的地理人生中留下了"精彩"的一页！❶

改革开放以来，影响当代赣州发展的"交通闭塞""生态受损"和"才财不足"三大矛盾逐步获得解决。

第一，交通方面。历史上赣州曾经因赣江水运而兴，近代铁路兴起，江西南北大通道受阻，赣南区位优势丧失，赣州变得闭塞，交通基础设施落后。20 世纪七八十年代，我们在江西考察时，一条南昌—赣州的公路改造历时 8 年尚未打通。我从南昌或吉安去赣南，多次体验过车行颠簸之煎熬！21 世纪以来，得益于国家的扶持，高速公路、京—九—粤铁路以及机场、港口的建设，赣南交通大为改善。国家"八纵八横"高速铁路网规划，赣州将升级为京九高铁与厦长渝两个干线通道的交会点，赣南的交通问题将彻底解决。

第二，生态方面。赣南是典型的红壤山区，位于赣江上游，长期以来，林木破坏，水土流失，矿山开采，污染严重，威胁赣江中下游的广阔平原和湖泊。当年中国科学院南方山区考察队提出的"禁伐""植树""综合利用"等许多有效的治理措施得到采纳。如今的赣南山区，特别是中高山地区，林木葱葱，生态环境大为改善，然而水土流失依然存在，统筹山上山下、上中下游，坚持"山江湖"一体化治理仍需长期努力。

第三，才和财方面。人是根本，财是基础，二者缺一不可。革命战争年代，赣南流失了大量人才。如今发展最缺的就是人才，引得进、留得住人才是赣南地区发展之根本举措。加大引资力度，多争取国家投资，解决资金不足，是加速发展新赣南的重要举措。

98. 江西北大门：九江

九江位于赣北，面朝湖北，临近安徽，依托长江，横跨长江南岸，市域东西较长，南北较窄，为"江西北大门"。九江城区位于鄱阳湖入江之口，"三江之口，七省通衢"，京九铁路在此与长江交叉，区位险要，为国家首批 5 个沿江对外开放城市之一，江西唯一的国

---

❶ 详见刘君德所著《我的地理人生：涉足山区·致力政区·钟情社区》，第 76-82 页，东南大学出版社，2017 年。

际贸易口岸城市。九江港是长江第四大港口，一类口岸，长江中游江西省唯一的地级港口城市。无论是过去、现在，还是未来，九江都是长江中下游重要的区域中心、港口城市。

与赣州市域相比，九江人口和面积规模要小，经济规模和水平略高。

九江是一座2 200多年的历史名城，千百年来，九江地区归属不定，变更多，但长期沿用"江州"之专名。1361年，朱元璋攻下江州，改江州路为九江府，此后辖县逐渐增多。民国时期，江西设行政督察区，区划变更频繁。1949年之后，设九江专员公署，析九江县城厢设县级九江市，1980年九江市升为省辖市，辖浔阳、庐山、郊区三区，1983年7月地市合并，实行市管县体制。1989年，瑞昌撤县设市；2010年9月，设立县级共青城市，2016年5月，撤销星子县，设立县级庐山市，均由九江市代管。至2019年，九江市下辖7县、3区，代管3个省辖县级市、1个省管副地厅级局（江西省庐山风景名胜区管理局）。

新中国成立之后的九江地区的区划变更，相应形成与之相适应的行政区划体制。共青城市和庐山市是在特殊环境因素下升格的县级市，受到广泛关注。

我对九江的认知比较早。20世纪50年代后期的学生时代，在老师带领下，乘坐长江客轮，前往庐山，进行综合自然地理实习，初识庐山真面目，即在冰川及山地地形和气候影响下，庐山的土壤—植被分布的垂直地带性，以及九江—庐山地区人文—经济地理的特点（第二卷图98-1、图98-2）。

我关注的是两大问题：一是山上（庐山）与山下（九江市）的关系、农场与乡镇的关系问题；二是棉粮的结构问题。我在考察了九江的土地利用结构后，提出了调整农业空间战略的建议。1980年，我在给本科生讲授"中国经济地理"课程时，支持一位来自江西彭泽县的学生，利用暑假回乡机会，运用计量地理方法研究了彭泽县的棉粮结构，受到当地政府的重视。

作为昌九走廊的组成部分，如今九江地区已经进入省会都市圈，并成为核心城市。但九江的发展依然较慢，与它在江西省极其优越的地理位置不相匹配。我以为，主要是由于九江自身功能定位与内在能量的激发和释放不足，这应该是九江发展相对滞后的主要因素。

九江的优势依然是长江，在战略定位上要注意两点：一要靠江吃江，做足长江牌，做足港口码头文章。要发挥江岸优势，科学、适度布局无污染、大运量、大耗水工业，形成沿江产业带。二要靠山吃山，做足庐山品牌，大力提升旅游业的服务和管理水平。要主动出击，与江北的湖北、安徽沿江合作，发展"跨界经济"，形成长江中游以港口、工业、旅游及中高端服务业为特色的区域中心城市，同时，做活、做强"昌九走廊"，重塑九江的历史辉煌。

第二卷图98-1 景点独特、绿色葱郁的庐山（2020年夏）

第二卷图 98-2　登庐山望九江（2020 年夏）

99. 千年瓷都：景德镇

景德镇被称为世界瓷都。古代，中国瓷器在东南亚、阿拉伯、非洲及欧洲地区很受欢迎，特别是景德镇的瓷器。明永乐三年（1405 年）开始，郑和七次下西洋，携带的大量瓷器，景德镇瓷器占有重要地位。

当代的景德镇，通达高铁，建有机场，使这个位于江西东北边远山区的世界名镇交通环境得到根本性改变，不仅大量瓷器产品方便地销往国内及世界各大洲，而且前往旅游、观光、考察的国内外游客络绎不绝。2018 年，景德镇市旅游总人次达 6 735 万，其中境外游客的旅游人次达 73.01 万。

改革开放初期，我跟随导师严重敏先生开展赣东北小城镇调查，研究景德镇的城镇发展历史及在赣东北的地位，思考赣东北的景德镇、乐平与上饶的关系，谁该是赣东北的中心？当时，我的结论是三个城市各有优势和特色，谁都代替不了谁。几何中心（乐平）、特色城市（景德镇）和交通中心（上饶），三家分工、合作互补，共谋赣东北发展是最佳思路。

21 世纪初，我的朋友，中国瓷文化挖掘、传播者陈海波先生邀约我和夫人及他的父母家人，一道前往景德镇进行专业性（瓷业）考察。我们先后访问了陶瓷学院的专家教授、瓷器制作生产的大家名人，参观了瓷器的生产过程、土窑和传统工艺，以及古城遗迹。上了一堂生动、深刻的瓷文化课，称之为"瓷都现场教学之旅"也未尝不可（第二卷图 99-1 至图 99-3）。

瓷都之行，让我目睹中国瑰宝——国瓷得以传承发展并引入世界先进设备和技术，明白今日之景德镇不仅是瓷都，更是中华文化和艺术之都。这里拥有土生土长、祖传的一大批陶瓷技艺人才，兴办了大中专技艺学校，吸引许多外地青年涌入，学习瓷艺，接受"瓷文化艺术"的熏陶。同时，也体验到了景德镇瓷都在特定的地理环境下生长发展的过程与

第二卷图 99-1　景德镇古瓷窑（2000 年 8 月）

第二卷图 99-2　参观古瓷窑（2000 年 8 月）

第二卷图 99-3　在景德镇陶瓷高等学府前留影（2000 年 8 月）

独特的文化个性。走在景德镇古街的小巷、街坊，您可以想象这座古老城市当年的繁华和山城立体之美，也偶尔会发现这座美丽的山城也曾经遭受过水患的创伤。

参观考察之后，留给我的思考是：景德镇瓷业与国际现当代瓷业存在差距，怎样超越？瓷土矿还能开采多久，开采完了怎么办？瓷业与景德镇其他产业之间的关联，瓷业对环境的影响如何解决？作为赣东北的特色城市和地级市如何处理好与区域内其他县市之间的关系，行政区划体制应该做怎样的改革？

写完之后，我发现 2019 年 10 月 11 日中国江西网报道，一位记者从江西省发展改革委获悉，"景德镇国家陶瓷文化传承创新试验区建设方案"出炉。根据国务院批复，景德镇国家陶瓷文化传承创新试验区建设的战略定位是"两地一中心"，即把景德镇建设成为国家陶瓷文化保护传承创新基地、世界著名陶瓷文化旅游目的地、国际陶瓷文化交流合作交易中心。景德镇的定位已经明确。上述疑惑都将一一化解。

回望 1949 年，景德镇还只是一个县辖镇，面积为 3.5 平方千米、人口 9 万多。1953 年，景德镇升格为省辖地级市。如今景德镇的建成区面积扩展至 95 平方千米、人口在百万左右，增长 10 多倍，成为一个特色专业的大城市，未来的景德镇定将更美好！

100. 从"共大"到"农大"

2015 年的南昌之行，想看的地方很多，江西共产主义劳动大学（简称江西共大）是其中的一个，因为 20 世纪七八十年代，我们在进行农业地理考察时与之结下了情缘。

江西共大是以延安"抗大"为榜样，以分布在全省各地山区丘陵荒地的众多垦殖场为基础，在 1958 年"大跃进"中兴办的"半工半读"大专性质的大学，总校设在南昌市郊的新建县，在全省各地县设立了 30 多所分校，毛泽东主席、周恩来总理给予高度评价，至 1980 年更名为江西农业大学，在这 20 多年中，为江西培养了 20 多万留得住的农林科技人才！

那时候，在江西，提起"共大"，无人不晓。你无论走到哪里（山区、平原、城镇、村庄）调研农业，收集资料，调查座谈，拜访专家，现场考察等等，都需要与江西共大打交道，与地方政府联系，也大多请共大的老师参加座谈。

在我保留的当年江西考察的日记中大量记载着江西共大专家的真知灼见。时过 40 年，我重返南昌，自然想去看看这所名扬天下、辉煌一时的本土大学！

一天上午，王圣云教授按照导航指示驱车向北，前往新建县寻找这所大学。大约 40 分钟到达江西农业大学总校，顺利找到当年共大总校的原址——今"江西农业大学的图书馆"和"校史馆"。一时非常高兴，但看到校史馆门上的告知，今日休馆。正在踌躇之时，一位中年大姐（估计是负责人）走了出来，得知一位 80 多岁的老教授从上海专程拜访、参观江西共大时，破例为我们打开大门，并亲自为我详细讲解了近一个小时（第二卷图 100-1）！

校史馆以大量珍贵图表、画面、照片、地图记录了共大的前身、成立经过、发展演变，直到 1980 年转制为"江西农业大学"各个阶段的感人故事和辉煌成果。我在周恩来总理亲笔题词的"江西共产主义劳动大学"校牌之前驻足，拍照留念，心想那个时代的江西教育与省域经济社会发展需求结合得那么紧密，困难时期大批知识分子走向生产一线与群众共同战斗的"共大精神"，对于今天中国大学的办学有没有启示和值得传承之处？我的答案是肯定的：一是理论联系实际，以问题为导向，求实创新，在实践中学习、练就真本领，特别像地理学、农学、林学等这些与地球打交道的学科；二是艰苦奋斗、开拓创新的精神也是应该弘扬和不可丢失的精神瑰宝！

我在参观之后与这位善解人意、很有水平的校史馆长，说了发自内心的感谢话语：江西农业大学校史馆是我看到的规模最大、内容最为丰富，最有教育意义的校史馆；您是我接触过的最认真，对校史融会贯通，用情表达，非常罕见的高水平的讲解员！

共大校史参观让我了解了江西高校发展的历程：1905年创办江西实业学堂→1908年更名为江西高等农业学堂→1940年创办国立中正大学→1949年更名为南昌大学→1952年组建江西农学院→1958年创办江西共产主义劳动大学总校→1968年更名为江西共产主义劳动大学→1969年江西农学院和江西共产主义劳动大学合并→1980年11月更名为江西农业大学。

第二卷图100-1　参观江西农业大学校史馆（馆长亲自做了讲解。2015年5月）

参观之后，驱车前往王圣云教授的工作单位——江西最高学府、历史悠久（1921年创办）、规模最大（全日制本科生35 000多人，各类研究生14 980人）的高校——南昌大学，这是一所国家"211工程"重点建设高校，教育部与江西省人民政府部省合作共建高校。我们走马观花地看了学院、图书馆、运动场等，在颇有气派的校门前留下值得记忆的影像（第二卷图100-2）。

第二卷图100-2　南昌大学校门口留影（2015年5月）

101. 做好山江湖综合治理的大文章

百余年之前，江西曾经是长江中下游经济较发达的省份。特殊的地理历史环境造就了历史时期江西的繁华。当时，南昌、九江、上饶、景德镇、赣州、瑞金等一大批城镇商家林立，金融发达，人丁兴旺，在邻省之中名列前茅。

沿海、沿江口岸城市的开放，海运和铁路兴起，江西失去地理区位优势，赣江为枢纽的航运一蹶不振，商家转移，商贸瓦解，人才流失，人口外流，城镇凋落，使江西短暂的繁荣迅速消失，而这几乎在一瞬间发生！

此后的革命战争时期，湖南、江西成为红色革命根据地，大批人口流落他乡，一些优秀人才，随着根据地的转移流出，江西省域自然—人文生态遭受严重破坏，人民饱受创伤。

新中国成立以来的经济发展数据显示，江西省的经济发展并不快，依然相对"贫穷"。经济总量不足邻省浙江的40%，也只及湖南的60%，经济实力处于中游地位，虽然在缓慢攀升，但与其丰富的自然资源条件仍不相匹配。

加速发展江西经济的秘诀在于：第一，基础设施有待进一步加强，特别是要改善赣南地区的交通运输环境，加快建设与广东省、珠三角的快速通道；第二，发挥江西省的内外地理区位与资源优势，加速发展工业，特别是制造业；第三，加快城市化推进力度，以省会城市南昌为中心，加快东西南北中区域性中小城市的建设，扩大规模，形成特色，发挥中心城市的辐射作用。其关键在于改善投资环境，引进项目、吸引人才。赣州、九江、上饶、宜春是省域南北东西空间规划建设之重点，昌—九走廊则为重中之重。加大改革开放力度，走出江西，破除守旧，提升素质，改善环境，改变传统的惰性，克服满足感，增强竞争意识，争做"新江西人"，这也许是江西发展的根本之道。

我以为，从长远和全局看江西，要做好"山江湖综合治理"这篇大文章。

所谓"山江湖工程"，是1983年江西省政府组织600多名专家，对鄱阳湖及赣江流域进行多学科综合考察之后，集专家意见，提出的一个综合治理理论，即"治湖必须治江，治江必须治山，治山必须治穷"的系统观、整体观。这一理论思想迅速付诸实践，江西省山江湖开发治理委员会成立，并下设山江湖治理办公室，挂靠江西省科学技术委员会。

实际上，山江湖的综合治理观念和思想，是中国科学院南方山区考察队（包括华东师范大学组建的第三分队）在长达5—6年对中国东部亚热带丘陵山区进行考察基础上的经验总结，特别是在第一分队（中国科学院综合考察委员会）对吉安千烟洲进行多年的红壤丘陵山区综合科学实验，提出的"山水林田湖草—人生命共同体"的概念基础上的理念提升和落实。

山江湖工程，历时数十年，成绩辉煌，声名鹊起，远超省域、国域，得到科学工作者的赞扬和多方支持、赞助，也成为江西的一张响当当的名片，历届政府都高度重视。作为一名参与南方山区开发治理和调查研究的科学工作者，自然十分关注。2015年在南昌的短暂停留，我最想去拜访和了解的就是山江湖开发治理办公室（第二卷图101-0）。

第二卷图101-0　在"江西省山江湖开发治理委员会"挂牌旁留影（2015年5月）

抵达南昌的第二天上午，我们在位于省政府旧址附近的山江湖办公室，一栋不高的楼前见到办公室李主任。随即上楼，边走边作自我介绍，当年我在南方山区考察队的任职和工作，以及参加1983年12月赣州会议等有关情况，在一本资料上，我指认了当年文件和研究成果的照片。接着李主任陪同参观了"山江湖工程展"，我驻足停留，回忆往事，不停地说着当年的故事。随后又进行了简短的交流，大约2个小时的时间，我满意而归。

听说山江湖治理办公室要搬家了，看到办公室的人员已经不多了，也很难留住人了，没有（或者极少）地理科学工作者参与了？研究经费也不是那么多了？顿时有一种说不出的危机感，山江湖治理何去何从？

我以为，山江湖工程的核心思想是整体性、综合性，是一种"自然系统"与"人文系统"的协调、融合，用现在的时髦语言是"五位一体"观，即"经济、社会、政治、文化、生态"内在的融合，是人与自然的生命共同体！符合现代社会—自然融合发展的哲学观！

山江湖综合治理的思想源于江西，最适合江西，是江西的一块好品牌，它不能丢！

第二卷附图：各省区市标准地图

第二卷附图1　上海市标准地图

江苏省地图

第二卷附图 2　江苏省标准地图

第二卷附图：各省区市标准地图 | 241

安徽省地图

基础要素版

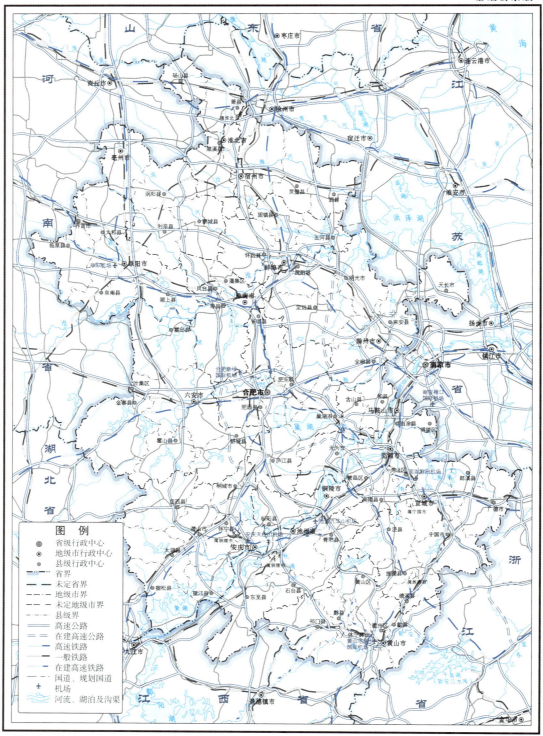

审图号：皖 S(2022)40号

第二卷附图4 安徽省标准地图

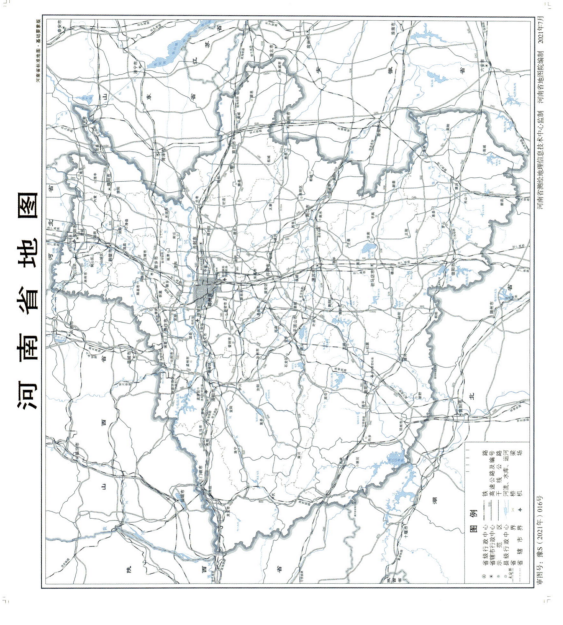

湖 北 省 地 图

湖 南 省 地 图

基本要素版

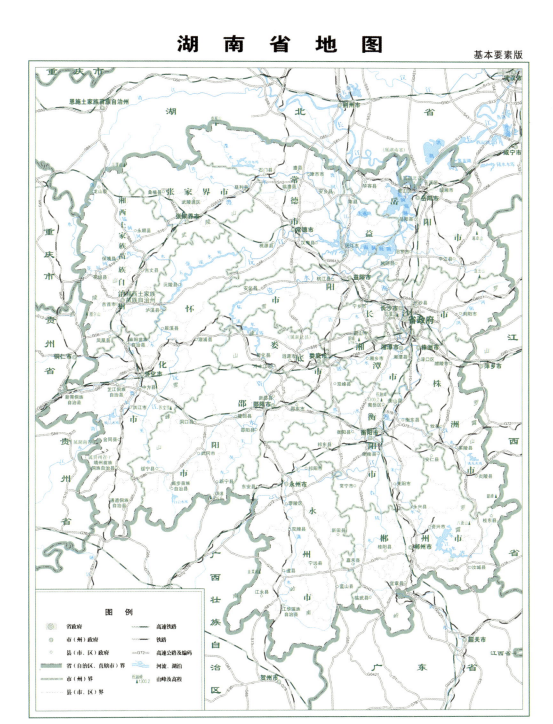

审图号 湘S（2023）097号　　　　湖南省自然资源厅 监制　湖南省第三测绘院 编制　二〇二三年七月

第二卷附图7　湖南省标准地图

江西省地图

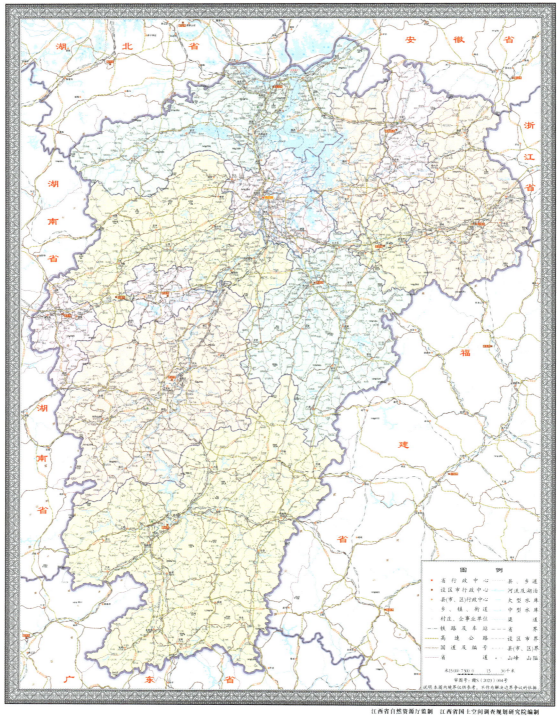

第二卷附图 8　江西省标准地图

第二卷图片来源

第二卷图 1-1 源自：网易官网

第二卷图 2-1 源自：胡佐庭提供.

第二卷图 2-2 源自：吴健平提供.

第二卷图 2-4 源自：刘泽勤提供.

第二卷图 5-3 源自：刘泽勤提供.

第二卷图 8-6 源自：吴其宝提供.

第二卷图 12-1 源自：（左）地图帝；（右）刘君德提供.

第二卷图 16-2 源自：刘泽勤提供.

第二卷图 17-1 源自：（左）搜狐网；（右）期权论坛.

第二卷图 17-4 源自：华林甫提供.

第二卷图 18-2 源自：许可、刘君德提供.

第二卷图 18-4 源自：刘泽勤提供.

第二卷图 20-3、图 20-4 源自：刘泽勤、吴其宝提供.

第二卷图 21-1 源自：刘泽勤提供.

第二卷图 22-1 源自：储胜金提供.

第二卷图 23-4、图 23-5 源自：刘泽勤提供.

第二卷图 26-2 源自：吴其宝提供.

第二卷图 27-1、图 27-2 源自：许可提供.

第二卷图 29-1 源自：袁中金提供.

第二卷图 31-0 源自：周昌华提供.

第二卷图 33-1 源自：（左）刘君德提供；（右）吴健平提供.

第二卷图 33-2 源自：陈海波提供.

第二卷图 34-1 源自：中新网.

第二卷图 34-2 源自：杭州网.

第二卷图 36-9 源自：吴其宝、刘君德提供.

第二卷图 38-1 至图 38-5 源自：刘泽勤、刘君德提供.

第二卷图 40-3 至图 40-5 源自：池长峰摄影，朱康对提供.

第二卷图 41-1 源自：太平洋摄影部落.

第二卷图 48-3 源自：（左）档案观止；（右）合肥晚报·合肥在线.

第二卷图 50-5 源自：陈菊兰提供.

第二卷图 51-1 至图 51-3 源自：刘进勤、刘君德提供.

第二卷图 58-0 源自：刘泽勤提供.

第二卷图 60-1 源自：中共河南省巩义市委政策研究室提供.

第二卷图 60-3 源自：马祖琦等提供.

第二卷图 60-6、图 60-7 源自：刘君德、马祖琦提供.

第二卷图 62-1 源自：刘君德、刘泽勤提供.

第二卷图 66-0 源自：百家号官网.

第二卷图 68-3 至图 68-5 源自：张俊芳提供.

第二卷图 69-2 源自：林一平提供.

第二卷图 69-3 源自：刘泽勤提供.

第二卷图 70-1 源自：武钢集团官网.

第二卷图 70-2 源自：新浪网.

第二卷图 70-3 源自：搜狐网.

第二卷图 72-1 源自：华林甫、刘君德提供.

第二卷图 72-2 源自：搜狐网.

第二卷图 77-2 源自：潘学兵提供.

第二卷图 79-2 源自：刘君德、袁中金提供.

第二卷图 83-2 源自：陈湘满提供.

第二卷图 84-2 源自：曹周成提供.

第二卷图 84-3 源自：刘绍春提供.

第二卷图 84-4、图 84-5 源自：曹周成提供.

第二卷图 84-9 源自：陈海波提供.

第二卷图 84-11 源自：陈海波提供.

第二卷图 87-3 源自：林华提供.

第二卷图 87-4 源自：刘君德、林华提供.

第二卷图 88-3 源自：李丽雅、刘君德提供.

第二卷图 91-1 源自：《江南农业地理》编写组．江西农业地理［M］．南昌：江西人民出版社，1982.

第二卷图 94-4 源自：王圣云提供.

第二卷图 95-0 源自：许晓晖提供.

第二卷图 96-2 源自：腾讯网.

第二卷图 96-3 源自：中新网.

第二卷图 97-4、图 97-5 源自：邓玉珍提供.

第二卷图 98-1、图 98-2 源自：陈海波提供.

第二卷图 99-1 源自：陈海波提供.

第二卷图 100-1、图 100-2 源自：王圣云提供.

第二卷图 101-0 源自：王圣云提供.

第二卷附图 1 源自：上海市地理信息公共服务平台官网．上海市测绘院．审图号：沪 S（2023）063 号.

第二卷附图 2 源自：江苏省地理信息公共服务平台官网．江苏省自然资源厅．审图号：苏 S（2023）10 号.

第二卷附图 3 源自：浙江省地理信息公共服务平台官网．审图号：浙 S（2023）38 号.

第二卷附图 4 源自：安徽省地理信息公共服务平台官网. 审图号：皖 S（2022）40 号.

第二卷附图 5 源自：河南省地理信息公共服务平台官网. 河南省测绘地理信息技术中心/河南省地图院. 审图号：豫 S（2021）016 号.

第二卷附图 6 源自：湖北省地理信息公共服务平台官网. 湖北省自然资源厅/湖北省地图院. 审图号：鄂 S（2023）009 号.

第二卷附图 7 源自：湖南省地理信息公共服务平台官网. 湖南省自然资源厅/湖南省第三测绘院. 审图号：湘 S（2023）097 号.

第二卷附图 8 源自：江西省地理信息公共服务平台官网. 江西省自然资源厅/江西省国土空间调查规划研究院. 审图号：赣 S（2023）004 号.

说明：未提及的图片为本书作者刘君德拍摄或提供。

第二卷后记

中国东部中区是中国四大区域之中省市之间联系较为紧密，经济比较发达的区域。自古以来，长江流域密如蛛网的水系是本区域发展的天然优势。相同纬度的地理环境特点使本区域之间的经济发展存在许多共性，特别是农业—工业结构和水运交通、港口运输，沿江城市发展，乃至人文环境、生活习性等都深受其地理环境共性的影响。

区域之间的空间差异：一是受距离海洋（长江口）远近的影响；二是受南北向铁路交通大动脉通道的影响。东西之间经济发展水平的差异仍较明显：沪苏浙属第一方阵，鄂湘属第二方阵，皖赣属第三方阵，但差距在渐渐缩小。

未来，区域内部的"领头羊"——上海要立足全球，努力建设国际性大都市，在长三角和长江中下游乃至全国发挥更大作用；各省在重点建设省会和沿江城市的同时，注意因地制宜，逐步缩小省内南北的空间发展差异。

我以为，本区域在加快港口建设，充分发挥长江水运优势的同时，要扩大长江干道两侧港口城市的规模，提升能级，增强辐射力、吸引力；要打破港口之间的分割和盲目竞争，科学分工合作，形成大区域的港口群实力优势。在发展中要始终高举长江水系生态修复大旗，这是本区域发展永恒的主题，包括区域内部的生态系统规划建设，以及区域外部（长江上游水系）的经济—生态协调。

第二卷的写作中：吴健平教授协助提供了各省区市的标准地图；许可、储胜金、王圣云、陈湘满、曾万涛、贺曲夫、林华、许晓晖等提供了帮助；刘进勤陪同考察了江苏和安徽的中部、北部；华林甫教授、郝玥然硕士协助进行了清样的校对工作。在此，一并致谢！